# מַסֶּכֶת מְגִלָּה

# מַסֶּכֶת מְגִלָּה

עם ביאורים מאת

**משה גרוס וגד מכטה**

ואיורים מאת

**חננאל תורגמן**

קורן ירושלים

משנאות
משנה נאה בהנאה

*The Annotated and Illustrated Masekhet Megilah*
*Moshe Gross, Gad Machta*
*Illustrated by Hananel Turgeman*

כל הזכויות על טקסט המשנה ופירוש ר' עובדיה מברטנורה (גרסה, ניקוד, פיסוק ועיצוב)
שמורות להוצאת "משנה סדורה" ולרב אליהו דורדק

'משנאות' - מסכת מגילה
mishnaot@gmail.com



הוצאת קורן
ת"ד 4044 ירושלים 9104001
טל': 02-6330530 פקס: 02-6330534

www.korenpub.com

תמונת העטיפה ועיצוב: חננאל תורגמן
עימוד: בנצי בינדר



מסת"ב ISBN 978-965-301-917-1

Printed in Israel 2017 נדפס בישראל

לעילוי נשמת

**דוד לוי** ז"ל

בן דורית ובנימין הי"ו

צנוע, ישר, אהוב על הבריות

ושמח בחלקו

לעילוי נשמת

**צבי דב** ב"ר שבח **ברגשטיין**

נלב"ע ג' באדר תשל"א.

**מרדכי דב** (יוסף) ב"ר אברהם **שטרן**

נלב"ע ו' שבט תשס"ו.

**רבקה** ב"ר יצחק אייזיק הלוי **ברגשטיין** (לבית שיינבך)

נלב"ע ה' אדר א' תשע"ו.

**קזה** (קלרה) ב"ר זאב **ברנט** (לבית ליכטנשטיין)

נלב"ע כ' סיון תשכ"א.

**אברהם שלמה** ב"ר צבי **ברנט**

נלב"ע ו' אדר א' תשנ"ז.

**יעקב גצל** ב"ר אפרים **גולדברגר**

נלב"ע כ"ו באדר ב' תשמ"ו.

**רוזליה** ב"ר יהושע **גולדברגר** (לבית רוזנברג)

נלב"ע כ"ט בטבת תשס"ד.

**יעקב דוד** ב"ר משה **פישר**

נלב"ע י' בחשוון תשס"ד.

**אילנה** ב"ר אפרים **גולדברגר** (לבית שפיץ)

נלב"ע י"ט בסיון תשס"ו.

תנצב"ה

**יעקב משה בן ידידה ואהרן** ז״ל
נלב״ע כ״ה אדר

**מרת שושנה בת חנה ורבי** ע״ה
נלב״ע ד׳ טבת

נתרם על ידי בנם יוסף משה, נרו יאיר.

לעילוי נשמת

בעלי, אבינו וסבנו היקר

**ר׳ יהושע וייסנר**

ב׳ במרחשוון תשע״ו

אוד מוצל מאש

לעילוי נשמת

**אברהם בן צבי יעקב**
**מרי בת ישראל**

״בחייהם ובמותם לא נפרדו״

יהי זכרם ברוך

לזכר

**שרה מושא (סו)**

בת שאול יוסף וחיה ציפה רייזל ז״ל

לכבוד ילדי:

**שמואל אלימלך, גבריאל משה,**
**אריאל טשארנע, עדיאל ברכה.**

מאת ישראל טוביה גולדיס

לזכרון עולם בהיכל ה׳

**יונתן מנדל תורג׳מן** ז״ל
**אליהו תורג׳מן** ז״ל
**אברהם זילברברג** ז״ל

לעילוי נשמת

**דוד בן משה** ז״ל
**משה יוסף בן צבי** ז״ל

# מבוא

הורים ומחנכים יקרים,

החוויה וההבנה של לימוד המשנה היו לנגד עינינו בכל שלבי יצירת הספר, ממסד ועד טפחות.

## דרכנו בפירוש

לא התיימרנו לפרש מחדש את המשנה, אלא התבססנו על דברי הראשונים והאחרונים מפרשי המשנה והגמרא, כמו כן הוספנו מעט הוספות מהתוספתא והירושלמי. דרכנו בפירוש הייתה להביא את הפירוש הקרוב ביותר ללשון המשנה. אמנם פעמים שבגמרא נוספה אוקימתא לדברי המשנה, ולשם כך צירפנו את פירוש רבי עובדיה מברטנורה, שלרוב הזכיר אוקימתות אלו.

המשנה מובאת כאן על פי שיטת 'משנה סדורה', העוזרת להבנה ולשינון, ותודתנו נתונה לרב אליהו דורדק על כך ועל הליווי והעצות.

## דרכנו בציורים

ישנם שני סוגים של ציורים: יש ציורים מבארים ויש ציורים מלווים. הציורים המבארים באים לעזור ללומד להבין את המציאות המדוברת, שכן פעמים רבות בלי ציור מוחשי קשה להבין את דין המשנה והמציאות שדיברו בה. יש מקומות שבהם הראשונים נחלקו באיזו מציאות מדובר ובהם לא הבאנו כמה ציורים, אלא ציור אחד, התואם למובא בפירוש.

ישנם ציורים מסוג אחר, והם ציורים מלווים. ציורים אלה באו לאו דווקא לתוספת הבנה, אלא כדי שלימוד המשנה ילווה בחוויה חיובית של לימוד, ולכן הציורים באו בסגנון חי ונושם.

אנו תפילה כי הלימוד במשנה זו יגדיל את החיבה ללימוד התורה בכלל וללימוד המשנה בפרט.

# מַסֶּכֶת מְגִלָּה

## מבוא למסכת מגילה

מסכת מגילה עוסקת בדיני קריאת המגילה ובקריאת התורה. אחרי שעם ישראל ניצל מגזרת המן הרשע, תיקנו חכמים שימי הפורים יהיו ימי משתה ושמחה, ותיקנו בפורים כמה מצוות: קריאת המגילה, סעודה ומשתה, משלוח מנות ומתנות לאביונים. חכמים גם תיקנו שבפורים יקראו את פרשת 'ויבוא עמלק' ויאמרו 'על הנסים' בתפילה ובברכת המזון. כיוון שאין מסכת העוסקת בדיני קריאת התורה, צירף רבי יהודה הנשיא את הלכות קריאת התורה ובית הכנסת למסכת זו, העוסקת בקריאת המגילה.

פרק א עוסק בזמני קריאת המגילה במקומות השונים, בדינים של החודשים אדר ראשון ואדר שני, ובדינים שונים: שבת ויום טוב, נדרים, זיבה וצרעת, ספר תורה, כהונה ומקדש.

פרק ב עוסק בדיני קריאת המגילה, באופנים שונים של קריאתה, כגון: אם קרא אותה שלא לפי הסדר, מתנמנם או בשפה זרה וכן באיזה דיו צריך לכתוב אותה. בהמשך דנים בבן עיר שהלך לכרך ולהפך, מתי יקרא, מהיכן צריך לקרוא כדי לצאת ידי חובה ומי חייב לקרוא ומי פטור. בהמשך הוזכר זמן קריאת המגילה, ואגב דין זה הובאו מצוות נוספות שזמנן ביום ומצוות אחרות שזמנן בלילה.

פרק ג עוסק בקדושת בית הכנסת ותשמישי הקדושה ובקריאת התורה של מועדי השנה.

פרק ד עוסק בדיני קריאת התורה ופותח בקריאת מגילת אסתר בפורים, כיוון שהיא העיקר במסכת זו. הדינים כוללים את ברכות הקריאה, מספר העולים, ההפטרה, כמה פסוקים קוראים ובאיזה אופן, ובתרגום הקריאה לעם. כמו כן, הפרק דן בדברים הנעשים רק בעשרה גדולים ובדיני ברכת כוהנים, תפילה ותפילין.

# פרק ראשון

פרק א עוסק בזמני קריאת המגילה במקומות השונים, בדינים של החודשים אדר ראשון ואדר שני, וממשנה ה ואילך הפרק עוסק בנושאים שונים: שבת ויום טוב, נדרים, זיבה וצרעת, ספר תורה, כהונה ומקדש.

**א** **מְגִלָּה נִקְרֵאת בְּאַחַד עָשָׂר, בִּשְׁנֵים עָשָׂר, בִּשְׁלֹשָׁה עָשָׂר, בְּאַרְבָּעָה עָשָׂר, בַּחֲמִשָּׁה עָשָׂר. לֹא פָּחוֹת וְלֹא יוֹתֵר.**

**כְּרַכִּין הַמֻּקָּפִין חוֹמָה מִימוֹת יְהוֹשֻׁעַ בִּן נוּן - קוֹרִין בַּחֲמִשָּׁה עָשָׂר.**

**כְּפָרִים וַעֲיָרוֹת גְּדוֹלוֹת - קוֹרִין בְּאַרְבָּעָה עָשָׂר, אֶלָּא שֶׁהַכְּפָרִים מַקְדִּימִין לְיוֹם הַכְּנִיסָה.**

### רבי עובדיה מברטנורה

**מְגִלָּה נִקְרֵאת בְּאַחַד עָשָׂר, בִּשְׁנֵים עָשָׂר.** פְּעָמִים בָּזֶה וּפְעָמִים בָּזֶה, כִּדְמְפָרֵשׁ וְאָזֵיל: **מִימוֹת יְהוֹשֻׁעַ בִּן נוּן - קוֹרִין בַּחֲמִשָּׁה עָשָׂר.** דִּכְתִיב (אסתר ט, יט): "עַל כֵּן הַיְּהוּדִים הַפְּרָזִים... עֹשִׂים אֵת יוֹם אַרְבָּעָה עָשָׂר", וּמִדִּפְרָזִים בְּי"ד - שְׁמַע מִנַּהּ דִּמֻקָּפִין בְּט"ו. **וּמִימוֹת יְהוֹשֻׁעַ,** נָפְקָא לַן גְּזֵרָה שָׁוָה מִ"פְּרָזִי" "פְּרָזִי". כְּתִיב הָכָא: "הַיְּהוּדִים הַפְּרָזִים" וּכְתִיב הָתָם (דברים ג, ה): "לְבַד מֵעָרֵי הַפְּרָזִי", מַה לְּהַלָּן מִימוֹת יְהוֹשֻׁעַ - אַף כָּאן מִימוֹת יְהוֹשֻׁעַ. וְתִקְּנוּ שֶׁהַכְּרַכִּים הַמֻּקָּפִים חוֹמָה מִימוֹת יְהוֹשֻׁעַ, אַף עַל פִּי שֶׁאֵין לָהֶם חוֹמָה עַכְשָׁו - יִקְרְאוּ בְּט"ו כְּמוֹ שׁוּשָׁן, כְּדֵי לַחֲלֹק כָּבוֹד לְאֶרֶץ יִשְׂרָאֵל שֶׁהָיְתָה חֲרֵבָה בִּימֵי מָרְדְּכַי וְאֶסְתֵּר, כְּדֵי שֶׁיִּהְיוּ קוֹרִין כִּבְנֵי שׁוּשָׁן וְיֵחָשְׁבוּ כְּאִלּוּ הֵם כְּרַכִּים הַמֻּקָּפִים, אַף עַל פִּי שֶׁהֵם עַתָּה חֲרֵבִין, וְיִהְיֶה זִכָּרוֹן לְאֶרֶץ יִשְׂרָאֵל בְּנֵס זֶה. וּלְפִי שֶׁיְּהוֹשֻׁעַ הִתְחִיל לְהִלָּחֵם בַּעֲמָלֵק תְּחִלָּה, וּכְתִיב (שמות יז, יד): "כְּתֹב זֹאת זִכָּרוֹן בַּסֵּפֶר וְשִׂים בְּאָזְנֵי יְהוֹשֻׁעַ", לְפִיכָךְ הִזְכִּירוּ מִימוֹת יְהוֹשֻׁעַ: **אֶלָּא שֶׁהַכְּפָרִים מַקְדִּימִין.** כְּלוֹמַר, מֵאַחַר שֶׁמֻּקָּפִין קוֹרִין בְּט"ו וְשֶׁאֵין מֻקָּפִין בְּי"ד - הַכֹּל בִּכְלָל, וְהֵיכִי מַשְׁכַּחַת תּוּ י"א, י"ב וְי"ג? אֶלָּא שֶׁהַכְּפָרִים, נָתְנוּ לָהֶם רְשׁוּת לְהַקְדִּים קְרִיאָתָן **לְיוֹם הַכְּנִיסָה.** יוֹם שֵׁנִי בְּשַׁבָּת שֶׁלִּפְנֵי י"ד, אוֹ חֲמִישִׁי בְּשַׁבָּת, שֶׁהֵן **יוֹם הַכְּנִיסָה,** שֶׁהַכְּפָרִים מִתְכַּנְּסִים בָּעֲיָרוֹת לְמִשְׁפָּט, לְפִי שֶׁבֵּית דִּין יוֹשְׁבִים בְּשֵׁנִי וַחֲמִישִׁי בְּתַקָּנַת עֶזְרָא. אִי נָמִי, מִתְכַּנְּסִין הַכְּפָרִים לָעֲיָרוֹת בְּשֵׁנִי וַחֲמִישִׁי לִשְׁמֹעַ קְרִיאַת הַתּוֹרָה. וְהַכְּפָרִים אֵינָם בְּקִיאִים כָּל כָּךְ לִקְרוֹת, וּצְרִיכִים שֶׁיִּקְרָאֶנָּה לָהֶם אֶחָד מִבְּנֵי הָעִיר. וְלֹא הִטְרִיחוּם חֲכָמִים לַחֲזֹר וְלָבֹא בְּיוֹם י"ד, כְּדֵי שֶׁיִּהְיוּ פְּנוּיִים בְּיוֹם פּוּרִים לְהַסְפִּיק צָרְכֵי סְעוּדַת פּוּרִים לִבְנֵי הָעֲיָרוֹת. וּמָצְאוּ לְדָבָר זֶה רֶמֶז מִן הַמִּקְרָא, דִּכְתִיב (אסתר ט, לא): "לְקַיֵּם אֶת יְמֵי הַפֻּרִים הָאֵלֶּה בִּזְמַנֵּיהֶם", וְאִי לָא תִּקּוּן מָרְדְּכַי וְאֶסְתֵּר אֶלָּא י"ד וְט"ו הַכְּתוּבִים בַּמִּקְרָא - לֵימָא קְרָא 'בִּזְמַנָּם', מַאי: "זְמַנֵּיהֶם"? שְׁמַע מִנַּהּ: עוֹד שְׁנֵי זְמַנִּים אֲחֵרִים חוּץ מֵאוֹתָן הַכְּתוּבִים בַּמְּגִלָּה. וְי"ג לָא צְרִיךְ קְרָא לְרַבּוּיֵי שֶׁיְּהֵא רָאוּי לִקְרִיאָה, שֶׁעִקַּר הַנֵּס בּוֹ הָיָה, שֶׁבּוֹ נִקְהֲלוּ לְהִנָּקֵם מֵאוֹיְבֵיהֶם בֵּין בְּשׁוּשָׁן בֵּין בִּשְׁאָר מְדִינוֹת, עַל כָּרְחָךְ לָא רַבִּי קְרָא אֶלָּא י"א וְי"ב. וְאֵין לוֹמַר דְּרַבִּי ט"ז וְי"ז שֶׁלְּאַחַר י"ד וְט"ו הַכְּתוּבִים בַּמְּגִלָּה, דְּאָמַר קְרָא (שם, כז): "וְלֹא יַעֲבוֹר":

משנה זו עוסקת בזמני קריאת המגילה, ותחילה מבארת באלו ימים קוראים את המגילה. במגילת אסתר (ט, לט) נאמר: "לקיים את ימי הפורים האלה בזמניהם", ודרשו חז"ל (גמרא ב, א) שתיקנו זמנים רבים לקריאת המגילה.

**מְגִלָּה נִקְרֵאת בְּאַחַד עָשָׂר** באדר, **בִּשְׁנֵים עָשָׂר, בִּשְׁלֹשָׁה עָשָׂר, בְּאַרְבָּעָה עָשָׂר, בַּחֲמִשָּׁה עָשָׂר** – באחד מימים אלו קוראים את המגילה, אך אין זמנים אלה נכונים לכל שנה.

**לֹא פָּחוֹת וְלֹא יוֹתֵר** – לא תיקנו זמנים אחרים לקריאת המגילה.

במגילת אסתר (ט, יט) נאמר שהיהודים שגרים בערים מפורזות, שאין להן חומה, "עושים את יום ארבעה עשר לחודש אדר שמחה ומשתה ויום טוב", וקוראים בו את המגילה, ובשושן הבירה נחו "בחמישה עשר" (שם, יח) ובו חלים כל דיני הפורים, וכדין שושן הבירה נוהגים בערים המוקפות חומה.

**כְּרַכִּין**, ערים גדולות, **הַמֻּקָּפִין חוֹמָה מִימוֹת יְהוֹשֻׁעַ בִּן נוּן – קוֹרִין בַּחֲמִשָּׁה עָשָׂר** באדר, זכר למנהג שנהגו בשושן הבירה. הסיבה שלא נהגו כן בערים שהיו מוקפות חומה בזמן הנס היא מפני שהנס היה בתקופת הגלות, והערים המוקפות חומה בארץ ישראל היו חרבות, וחכמים רצו לתת כבוד לערי ארץ ישראל (ירושלמי א, א). ויש שהוסיפו שיש לכך רמז, שיהושע היה הראשון שנלחם בעמלק וגם כבש את הערים המוקפות חומה. גם בשושן הבירה עצמה קוראים בט"ו, שכן עיקר הנס היה בה.

**כְּפָרִים וַעֲיָרוֹת גְּדוֹלוֹת** שאין להן חומה - **קוֹרִין בְּאַרְבָּעָה עָשָׂר** באדר.

**אֶלָּא שֶׁהַכְּפָרִים מַקְדִּימִין לְיוֹם הַכְּנִיסָה** – ימי הכניסה הם שני וחמישי, שבהם אנשי הכפרים היו מתכנסים כדי לקרוא בתורה, והקלו חכמים עליהם שלא יטרחו להתכנס שוב בי"ד באדר, אלא יקראו את המגילה בימים שמתכנסים לקרוא בתורה. ויש אומרים שבימים אלו בני הכפרים היו מגיעים לעיירות כדי לדון בפני בית הדין או כדי לשמוע קריאת התורה (כמבואר בדברי רבי יהודה במשנה ג), ואחד מבני העיר היה קורא להם את המגילה, ולא הטריחו אותם להתכנס שוב בי"ד באדר, אלא אפשרו להם לצאת ידי חובת קריאת המגילה ביום הכניסה.

בגמרא (ב, א) אמרו שמקדימים ליום הכניסה רק בזמן שישראל יושבים בארצם, אבל כשאינם יושבים בארצם - קוראים רק בי"ד ובט"ו.

המשנה הבאה תפרט מהו יום הכניסה ומתי בני הכפרים מקדימים לקרוא בו.

**ב** כֵּיצַד?

חָל לִהְיוֹת יוֹם אַרְבָּעָה עָשָׂר בַּשֵּׁנִי –
כְּפָרִים וַעֲיָרוֹת גְּדוֹלוֹת קוֹרִין בּוֹ בַּיּוֹם,
וּמֻקָּפוֹת חוֹמָה לְמָחָר.

חָל לִהְיוֹת בַּשְּׁלִישִׁי אוֹ בָּרְבִיעִי –
כְּפָרִים מַקְדִּימִין לְיוֹם הַכְּנִיסָה,
וַעֲיָרוֹת גְּדוֹלוֹת קוֹרִין בּוֹ בַּיּוֹם,
וּמֻקָּפוֹת חוֹמָה לְמָחָר.

חָל לִהְיוֹת בַּחֲמִישִׁי –
כְּפָרִים וַעֲיָרוֹת גְּדוֹלוֹת קוֹרִין בּוֹ בַּיּוֹם,
וּמֻקָּפוֹת חוֹמָה לְמָחָר.

חָל לִהְיוֹת עֶרֶב שַׁבָּת –
כְּפָרִים מַקְדִּימִין לְיוֹם הַכְּנִיסָה,
וַעֲיָרוֹת גְּדוֹלוֹת וּמֻקָּפוֹת חוֹמָה קוֹרִין בּוֹ בַּיּוֹם.

חָל לִהְיוֹת בַּשַּׁבָּת –
כְּפָרִים וַעֲיָרוֹת גְּדוֹלוֹת מַקְדִּימִין וְקוֹרִין לְיוֹם הַכְּנִיסָה,
וּמֻקָּפוֹת חוֹמָה לְמָחָר.

חָל לִהְיוֹת אַחַר הַשַּׁבָּת –
כְּפָרִים מַקְדִּימִין לְיוֹם הַכְּנִיסָה,
וַעֲיָרוֹת גְּדוֹלוֹת קוֹרִין בּוֹ בַּיּוֹם,
וּמֻקָּפוֹת חוֹמָה לְמָחָר.

### רבי עובדיה מברטנורה

**חָל לִהְיוֹת** י״ד: בְּעֶרֶב שַׁבָּת – **עֲיָרוֹת וּמֻקָּפִין קוֹרִין בּוֹ בַּיּוֹם.** שֶׁאֵין קְרִיאַת מְגִלָּה בְּשַׁבָּת, גְּזֵרָה שֶׁמָּא יִטְּלֶנָּה בְּיָדוֹ וְיַעֲבִירֶנָּה אַרְבַּע אַמּוֹת בִּרְשׁוּת הָרַבִּים. וְאִם יְאַחֲרֶנָּה עַד אֶחָד בְּשַׁבָּת – הֲוָה לֵיהּ ט״ז, וְאָמַר קְרָא (אסתר ט, כז): "וְלֹא יַעֲבוֹר". וְאַף עַל פִּי שֶׁבְּנֵי הַכְּרַכִּים קוֹרִין הַמְּגִלָּה בְּי״ד כְּשֶׁחָל ט״ו לִהְיוֹת בְּשַׁבָּת –

מִכָּל מָקוֹם אֵין קוֹרִין "וַיָּבֹא עֲמָלֵק" (שמות יז, ח) אֶלָּא בְּשַׁבָּת שֶׁהוּא יוֹם ט"ו, וּמַפְטִירִים (שמואל א טו, ב): "פָּקַדְתִּי", וְשׁוֹאֲלִין וְדוֹרְשִׁין בְּהִלְכוֹת פּוּרִים כָּל אוֹתָהּ שַׁבָּת. וּסְעוּדַת פּוּרִים, אִית דְּאָמְרִי דְּעָבְדִי לָהּ בְּיוֹם י"ד, שֶׁבּוֹ קוֹרִין אֶת הַמְּגִלָּה, וְאִית דְּאָמְרִי דִּמְאַחֲרִין אוֹתָהּ לְאַחַר הַשַּׁבָּת. וְהָכִי מַשְׁמַע בַּיְרוּשַׁלְמִי (א, ד), דִּסְעוּדַת פּוּרִים שֶׁחָל לִהְיוֹת בְּשַׁבָּת מְאַחֲרִין וְלֹא מַקְדִּימִין. וּלְכֻלֵּי עָלְמָא אֵין עוֹשִׂים אוֹתָהּ בְּשַׁבָּת: **חָל לִהְיוֹת** י"ד **בְּאֶחָד בְּשַׁבָּת - כְּפָרִים מַקְדִּימִין לְיוֹם הַכְּנִיסָה.** דְּהָוֵי לֵיהּ י"א. וְהָנֵי מִלֵּי שֶׁהֵקֵלּוּ חֲכָמִים לִבְנֵי הַכְּפָרִים לְהַקְדִּים לְיוֹם הַכְּנִיסָה, בִּזְמַן שֶׁיִּשְׂרָאֵל שְׁרוּיִין עַל אַדְמָתָן וּשְׁלוּחֵי בֵּית דִּין יוֹצְאִים לְהוֹדִיעַ מָתַי קִדְּשׁוּ בֵּית דִּין הַחֹדֶשׁ וּמָתַי הַפֶּסַח נִקְבַּע. אֲבָל בַּזְּמַן הַזֶּה, שֶׁהָעָם מִסְתַּכְּלִין בִּקְרִיאַת הַמְּגִלָּה וּמוֹנִים מִמֶּנָּה שְׁלֹשִׁים יוֹם לְפֶסַח, אִם יַקְדִּימוּ הַכְּפָרִים קְרִיאָתָן - הֲרֵי יַעֲשׂוּ הַפֶּסַח לְסוֹף ל' יוֹם שֶׁל קְרִיאָה, וְנִמְצְאוּ אוֹכְלִין חָמֵץ בְּיָמִים אַחֲרוֹנִים שֶׁל פֶּסַח, לְפִיכָךְ אֵין קוֹרִין אוֹתָהּ אֶלָּא בִּזְמַנָּהּ:

במשנה זו מבואר דין הקדמת קריאת המגילה ליום הכניסה

**כֵּיצַד?** - כלומר, מתי קוראים את המגילה בזמנה ומתי מקדימים ליום הכניסה.

**חָל לִהְיוֹת יוֹם אַרְבָּעָה עָשָׂר בַּשֵּׁנִי** - ביום שני בשבוע, **כְּפָרִים וַעֲיָרוֹת גְּדוֹלוֹת קוֹרִין בּוֹ בַּיּוֹם** - שהוא יום הכניסה. **וּמֻקָּפוֹת חוֹמָה לְמָחָר** - שהוא ט"ו באדר, זמן קריאתה.

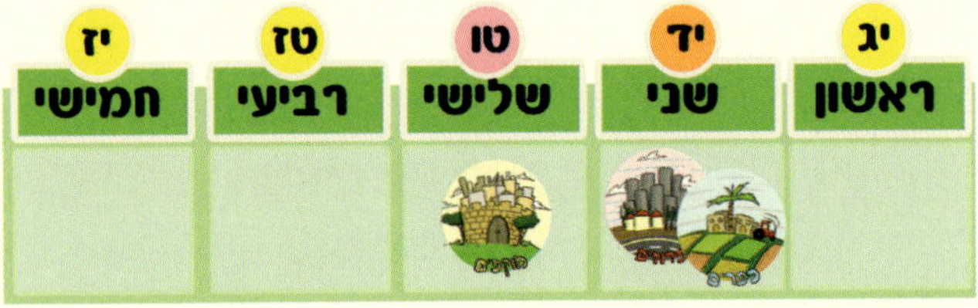


**חָל** י"ד באדר **לִהְיוֹת בַּשְּׁלִישִׁי אוֹ בָּרְבִיעִי - כְּפָרִים מַקְדִּימִין לְיוֹם הַכְּנִיסָה, וַעֲיָרוֹת גְּדוֹלוֹת קוֹרִין בּוֹ בַּיּוֹם, וּמֻקָּפוֹת חוֹמָה לְמָחָר.**

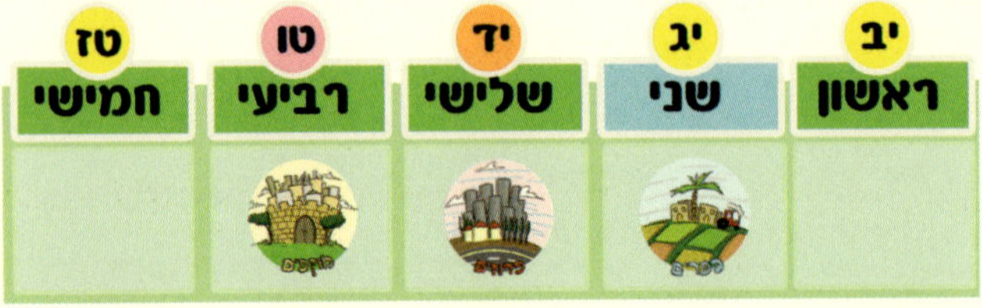


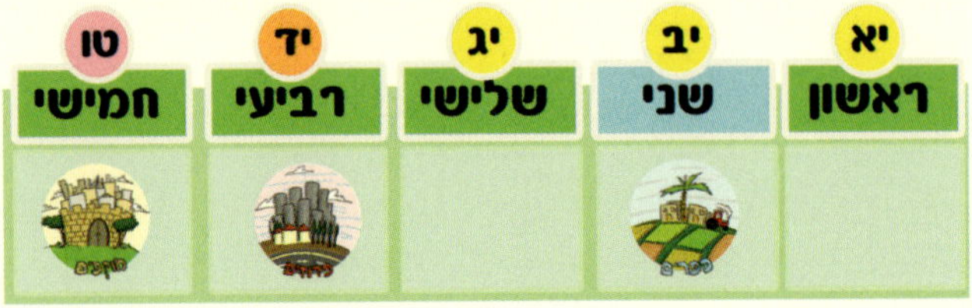

**חָל** י"ד באדר **לִהְיוֹת בַּחֲמִישִׁי - כְּפָרִים וַעֲיָרוֹת גְּדוֹלוֹת קוֹרִין בּוֹ בַּיּוֹם, וּמֻקָּפוֹת חוֹמָה לְמָחָר.**

**חָל** י"ד באדר **לִהְיוֹת עֶרֶב שַׁבָּת - כְּפָרִים מַקְדִּימִין לְיוֹם הַכְּנִיסָה, וַעֲיָרוֹת גְּדוֹלוֹת וּמֻקָּפוֹת חוֹמָה קוֹרִין בּוֹ בַּיּוֹם -** בי"ד באדר, ולא בט"ו בו, ומקדימים את זמן הקריאה מפני שאין קוראים את המגילה בשבת. הטעם שאין קוראים מגילה בשבת הוא משום שקריאת המגילה היא חובה לכל אדם, וחששו חכמים שמא אדם שאינו יודע לקרוא את המגילה ייקח אותה לחכם היודע לקרוא ויטלטל אותה ארבע אמות ברשות הרבים, ולכן הקדימו את קריאתה לי"ד, שהוא הזמן שבו רוב ישראל קוראים את המגילה ברוב השנים. ואין דוחים את הקריאה ליום ראשון שנאמר (אסתר ט, כז): "ולא יעבור".

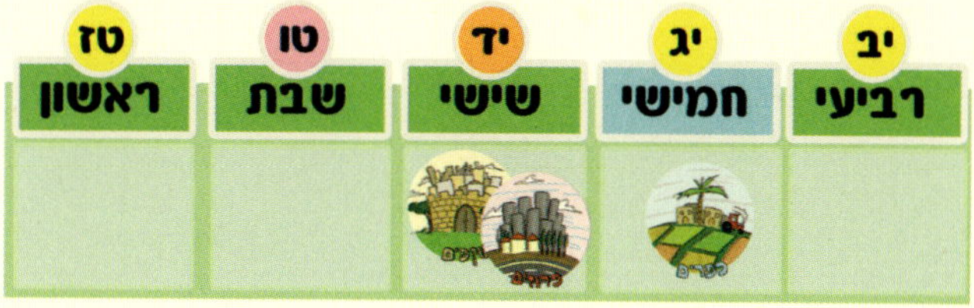


יש אומרים שאף את שאר מצוות היום (סעודת פורים ומשלוח מנות, מתנות לאביונים, קריאת פרשת 'ויבוא עמלק' ואמירת 'על הנסים') מקדימים ליום שישי, ויש אומרים שחלק מהמצוות נעשות בשבת וחלקן ביום ראשון, וזהו: 'פורים המשולש', המתפרס על שלושה ימים.

**חָל** י"ד באדר **לִהְיוֹת בַּשַּׁבָּת - כְּפָרִים וַעֲיָרוֹת גְּדוֹלוֹת מַקְדִּימִין וְקוֹרִין לְיוֹם הַכְּנִיסָה** - שכיוון שאין קוראים אותה בשבת, הקדימו את זמן קריאתה ליום חמישי שבו קוראים בני הכפרים, **וּמֻקָּפוֹת חוֹמָה לְמָחָר** - בט"ו באדר.

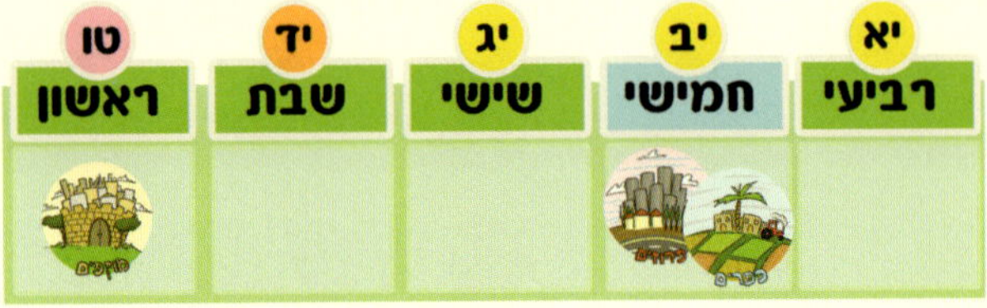


**חָל** י"ד באדר **לִהְיוֹת אַחַר הַשַּׁבָּת - כְּפָרִים מַקְדִּימִין לְיוֹם הַכְּנִיסָה**, שהוא יום י"א באדר, היום המוקדם ביותר לקרוא מגילה **וַעֲיָרוֹת גְּדוֹלוֹת קוֹרִין בּוֹ בַּיּוֹם, וּמֻקָּפוֹת חוֹמָה לְמָחָר.**

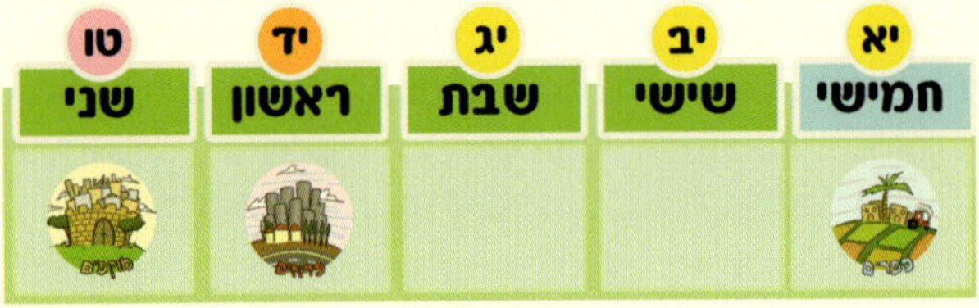

**ג** אֵיזוֹ הִיא עִיר גְּדוֹלָה?
כָּל שֶׁיֵּשׁ בָּהּ עֲשָׂרָה בַטְלָנִים.
פָּחוֹת מִכָּאן – הֲרֵי זֶה כְּפָר.

בְּאֵלּוּ אָמְרוּ: מַקְדִּימִין וְלֹא מְאַחֲרִין.
אֲבָל זְמַן עֲצֵי כֹהֲנִים, וְתִשְׁעָה בְּאָב, וַחֲגִיגָה וְהַקְהֵל –
מְאַחֲרִין וְלֹא מַקְדִּימִין.

אַף עַל פִּי שֶׁאָמְרוּ: מַקְדִּימִין וְלֹא מְאַחֲרִין –
מֻתָּרִין בְּהֶסְפֵּד וּבְתַעֲנִיּוֹת וּמַתָּנוֹת לָאֶבְיוֹנִים.

אָמַר רַבִּי יְהוּדָה: אֵימָתַי?
מָקוֹם שֶׁנִּכְנָסִין בַּשֵּׁנִי וּבַחֲמִישִׁי.
אֲבָל מָקוֹם שֶׁאֵין נִכְנָסִין לֹא בַשֵּׁנִי וְלֹא בַחֲמִישִׁי –
אֵין קוֹרִין אוֹתָהּ אֶלָּא בִזְמַנָּהּ.

**רבי עובדיה מברטנורה**

**עֲשָׂרָה בַטְלָנִין** שֶׁל בֵּית הַכְּנֶסֶת, שֶׁבְּטֵלִים מִמְּלַאכְתָּן וְנִזּוֹנִים מִשֶּׁל צִבּוּר, כְּדֵי לִהְיוֹת מְצוּיִין תָּמִיד בִּשְׁעַת הַתְּפִלָּה בְּבֵית הַכְּנֶסֶת:

**בְּאֵלּוּ אָמְרוּ.** בִּזְמַנִּים שֶׁל מְגִלָּה אָמְרוּ מַקְדִּימִין אִם חָל זְמַן קְרִיאָתָהּ בְּשַׁבָּת: **אֲבָל זְמַן עֲצֵי כֹהֲנִים וְהָעָם.** שֶׁהָיוּ מִשְׁפָּחוֹת לְיִשְׂרָאֵל שֶׁקְּבוּעִים לָהֶם יָמִים בְּכָל שָׁנָה לְהָבִיא עֵצִים לַמִּקְדָּשׁ לְצֹרֶךְ הַמַּעֲרָכָה, וּמְבִיאִין קָרְבַּן עֵצִים עִמָּהֶם עוֹלוֹת נְדָבָה, אִם חָל לִהְיוֹת בְּשַׁבָּת – **מְאַחֲרִים** לְיוֹם מָחָר: **וְתִשְׁעָה בְּאָב.** וְהוּא הַדִּין שְׁאָר תַּעֲנִיּוֹת, אִם חָל אֶחָד מֵהֶן לִהְיוֹת בְּשַׁבָּת: **וַחֲגִיגָה.** אִם חָל יוֹם טוֹב בְּשַׁבָּת – דּוֹחִין שַׁלְמֵי חֲגִיגָה לְמָחָר, שֶׁהֲרֵי יֵשׁ לָהּ תַּשְׁלוּמִין כָּל שִׁבְעָה. וְכֵן **הַקְהֵל** אֶת הָעָם, שֶׁהָיָה הַמֶּלֶךְ קוֹרֵא בְּסֵפֶר מִשְׁנֵה תוֹרָה, וְכָל הָעָם חַיָּבִין לָבֹא וּלְהָבִיא אֶת טַפָּם, כִּדְכְתִיב (דברים לא, יב): "הָאֲנָשִׁים וְהַנָּשִׁים וְהַטַּף", וּבְשַׁבָּת אִי אֶפְשָׁר, וְדוֹחִין אוֹתוֹ לְמָחָר: **וְלֹא מַקְדִּימִין.** דְּאַכַּתִּי לָא מָטֵי זְמַן חִיּוּבַיְהוּ. וְתִשְׁעָה בְּאָב, דְּאַקְדּוּמֵי פּוּרְעָנוּתָא לָא מַקְדְּמִינָן:

משנה זו דנה מהי עיר גדולה, אלו מצוות מקדימים או מאחרים אם זמנן חל בשבת, ומסיימת בדינים נוספים ששייכים ליום הכניסה.

**אֵיזוֹ הִיא עִיר גְּדוֹלָה** שאין מקדימים את הקריאה בה ליום הכניסה?

**כָּל שֶׁיֵּשׁ בָּהּ עֲשָׂרָה בַטְלָנִים** - עשרה אנשים שבטלים ממלאכה ונמצאים בבית הכנסת ופנויים כל היום לתפילה, ללימוד תורה ולצורכי הציבור. **פָּחוֹת מִכָּאן, הֲרֵי זֶה כְּפָר** - ומקדימים את קריאת המגילה ליום הכניסה.

**בְּאֵלּוּ**, בימים של מצוות קריאת המגילה, **אָמְרוּ** שאם חל בשבת: **מַקְדִּימִין וְלֹא מְאַחֲרִין** - שנאמר במגילה (אסתר ט, כז): "ולא יעבור".

**אֲבָל זְמַן עֲצֵי כֹהֲנִים** - המשנה בתענית (ד, ה) מתארת שהיו משפחות שהתנדבו לתרום עצים למערכה (המדורה שהייתה על המזבח ובה היו שורפים את הקרבנות) בימים מסוימים, ויום זה היה לאותה משפחה יום טוב, **וְתִשְׁעָה בְּאָב** וכן שאר

הצומות, **וַחֲגִיגָה** - הקרבת שלמי חגיגה אחרי הרגל, **וְהַקְהֵל** - במוצאי יום טוב הראשון של סוכות היו מקימים בימה בבית המקדש, כל העם היה עולה לירושלים והמלך היה קורא בפניהם בספר דברים. בכל אלה, אם זמנם חל בשבת - **מְאַחֲרִין וְלֹא מַקְדִּימִין**, מפני שאין מקדימים את המצוות קודם שהגיע זמנן, ובתשעה באב - אין מקדימים את הפורענות.

**אַף עַל פִּי שֶׁאָמְרוּ: מַקְדִּימִין וְלֹא מְאַחֲרִין,** ביום שבו קוראים את המגילה **מֻתָּרִין בְּהֶסְפֵּד וּבְתַעֲנִיּוֹת וּמַתָּנוֹת לָאֶבְיוֹנִים** - כלומר יכולים לתת מתנות לאביונים ויהיו פטורים מלתת שוב בי"ד באדר, והטעם לכך הוא שהעניים מצפים וממתינים לקבל צדקה ביום קריאת המגילה (תוספתא א, ד), אבל את מצוות משלוח מנות מקיימים רק בשעת הסעודה, ואת הסעודה אין מקדימים.

**אָמַר רַבִּי יְהוּדָה: אֵימָתַי** הכפרים מקדימים ליום הכניסה?

**מָקוֹם שֶׁנִּכְנָסִין** לעיר גדולה **בַּשֵּׁנִי וּבַחֲמִישִׁי**, והימים שבהם היו נכנסים לעיר נקראו "יום הכניסה". **אֲבָל מָקוֹם שֶׁאֵין נִכְנָסִין לֹא בַּשֵּׁנִי וְלֹא בַּחֲמִישִׁי** - לא התירו להקדים את קריאת המגילה, ולכן **אֵין קוֹרִין אוֹתָהּ אֶלָּא בִּזְמַנָּהּ** בי"ד באדר.

**ד** **קָרְאוּ אֶת הַמְּגִלָּה בַּאֲדָר הָרִאשׁוֹן וְנִתְעַבְּרָה הַשָּׁנָה – קוֹרִין אוֹתָהּ בַּאֲדָר הַשֵּׁנִי.**

**אֵין בֵּין אֲדָר הָרִאשׁוֹן לַאֲדָר הַשֵּׁנִי, אֶלָּא קְרִיאַת הַמְּגִלָּה וּמַתָּנוֹת לָאֶבְיוֹנִים.**

**רבי עובדיה מברטנורה**

**אֵין בֵּין אֲדָר רִאשׁוֹן לַאֲדָר שֵׁנִי וְכוּ'.** הָכִי קָאָמַר, **אֵין בֵּין** י"ד וְט"ו שֶׁל **אֲדָר רִאשׁוֹן** לְי"ד וְט"ו שֶׁל **אֲדָר שֵׁנִי אֶלָּא מִקְרָא מְגִלָּה וּמַתָּנוֹת לָאֶבְיוֹנִים**, הָא לְעִנְיַן הֶסְפֵּד וְתַעֲנִית – זֶה וָזֶה שָׁוִין:

בתקופת המשנה, קודם שהלל השני (מצאצאי רבי יהודה הנשיא, חי בתקופת האמוראים) תיקן את הלוח העברי הקבוע, פעמים שהיו מעברים את השנה, כלומר מוסיפים חודש אדר שני, כדי שפסח יחול באביב, אחרי שכבר קיימו את מצוות פורים בחודש אדר. משנה זו דנה מה הדין במקרה כזה.

**קָרְאוּ אֶת הַמְּגִלָּה בַּאֲדָר הָרִאשׁוֹן וְנִתְעַבְּרָה הַשָּׁנָה** – לא יצאו ידי חובת מגילה, ולכן **קוֹרִין אוֹתָהּ בַּאֲדָר הַשֵּׁנִי** – שעיקר מצוות הפורים הוא באדר הסמוך לניסן כדי לסמוך את הגאולה מגזרות המן לגאולת מצרים (ירושלמי א, ה).

**אֵין בֵּין** י"ד וט"ו **בַּאֲדָר הָרִאשׁוֹן לַאֲדָר הַשֵּׁנִי**, י"ד וט"ו בו, **אֶלָּא קְרִיאַת הַמְּגִלָּה וּמַתָּנוֹת לָאֶבְיוֹנִים**, וכן מצוות סעודה ומשלוח מנות, מפני "שכל מצות שנוהגות באדר השני אין נוהגות באדר הראשון" (תוספתא א, ו), אבל אלו ואלו אסורים בהספד ובתענית.

משום שהתנא הזכיר לשון "אין בין... ל..." באו עד סוף הפרק משניות בתבנית זו.

## ה אֵין בֵּין יוֹם טוֹב לַשַּׁבָּת אֶלָּא אֹכֶל נֶפֶשׁ בִּלְבַד.

**אֵין בֵּין שַׁבָּת לְיוֹם הַכִּפּוּרִים,**
**אֶלָּא שֶׁזֶּה זְדוֹנוֹ בִּידֵי אָדָם וְזֶה זְדוֹנוֹ בְּכָרֵת.**

**רבי עובדיה מברטנורה**

**אֵין בֵּין יוֹם טוֹב לַשַּׁבָּת אֶלָּא אֹכֶל נֶפֶשׁ בִּלְבַד.** מַתְנִיתִין בֵּית שַׁמַּאי הִיא, דְּאָמְרִי (משנה ביצה א, ה): "אֵין מוֹצִיאִין אֶת הַקָּטָן וְלֹא אֶת הַלּוּלָב וְלֹא אֶת הַסֵּפֶר תּוֹרָה לִרְשׁוּת הָרַבִּים", כֵּיוָן שֶׁאֵין בָּהֶם צֹרֶךְ אֹכֶל נֶפֶשׁ. וְאֵין כֵּן הֲלָכָה, אֶלָּא כְּדִבְרֵי בֵּית הִלֵּל, דְּאָמְרִי (ביצה יב, א): "מִתּוֹךְ שֶׁהֻתְּרָה הוֹצָאָה לְצֹרֶךְ אֲכִילָה – הֻתְּרָה נָמִי שֶׁלֹּא לְצֹרֶךְ אֲכִילָה". וְאִכָּא נָמִי מִלֵּי אַחֲרִינָא שֶׁאֲסוּרִים בְּשַׁבָּת וּמֻתָּרִים בְּיוֹם טוֹב אַף עַל פִּי שֶׁאֵינָם צֹרֶךְ אֹכֶל נֶפֶשׁ, כְּגוֹן (משנה שם ה, א): "מַשִּׁילִין פֵּרוֹת דֶּרֶךְ אֲרֻבָּה בְּיוֹם טוֹב, אֲבָל לֹא בְּשַׁבָּת": **שֶׁזֶּה זְדוֹנוֹ בִּידֵי אָדָם.** שַׁבָּת יֵשׁ בָּהּ מִיתַת בֵּית דִּין:

משנה זו עוסקת בדומה ובשונה שבין שבת, יום טוב ויום הכיפורים.

בשבת, ביום טוב וביום הכיפורים אסור לעשות מלאכה מל"ט המלאכות (משנה שבת ז, ב), אך ביום טוב התירו לעשות מלאכות לצורך אוכל נפש, ולכן **אֵין בֵּין יוֹם טוֹב לַשַּׁבָּת אֶלָּא אֹכֶל נֶפֶשׁ בִּלְבַד.** הראשונים העירו שמשנה זו שנויה לדעת בית שמאי, אבל לדעת בית הלל (משנה ביצה א, ה) מתוך שהותרו המלאכות לצורך אוכל נפש – הותרו גם שלא לצורך אוכל נפש, ובלבד שייעשו לצורך יום טוב.

**אֵין בֵּין שַׁבָּת לְיוֹם הַכִּפּוּרִים, אֶלָּא שֶׁזֶּה** שבת **זְדוֹנוֹ בִּידֵי אָדָם, וְזֶה** יום הכיפורים **זְדוֹנוֹ בְּכָרֵת** – חיוב כרת הוא אם לא לקה, אך אם התרו בו ועשה מלאכה בפני עדים – לוקה ונפטר מהכרת (ראה משנה מכות ג, טו).

**ו** **אֵין בֵּין הַמֻּדָּר הֲנָאָה מֵחֲבֵרוֹ לַמֻּדָּר מִמֶּנּוּ מַאֲכָל,**
**אֶלָּא דְּרִיסַת הָרֶגֶל וְכֵלִים שֶׁאֵין עוֹשִׂין בָּהֶן אֹכֶל נֶפֶשׁ.**

**אֵין בֵּין נְדָרִים לִנְדָבוֹת,**
**אֶלָּא שֶׁהַנְּדָרִים חַיָּב בְּאַחֲרָיוּתָן,**
**וּנְדָבוֹת אֵינוֹ חַיָּב בְּאַחֲרָיוּתָן.**

### רבי עובדיה מברטנורה

**אֵין בֵּין הַמֻּדָּר הֲנָאָה.** אֵין מֻדָּר הֲנָאָה חָמוּר מִמֻּדָּר **מַאֲכָל אֶלָּא דְּרִיסַת הָרֶגֶל**, שֶׁמֻּדָּר הֲנָאָה אָסוּר לוֹ לִיכָּנֵס בְּתוֹךְ שֶׁלּוֹ וּמֻדָּר מַאֲכָל מֻתָּר: **וְכֵלִים שֶׁאֵין עוֹשִׂין בָּהֶן אֹכֶל נֶפֶשׁ.** מֻתָּר לְהַשְׁאִילָן לְמֻדָּר מַאֲכָל. וְדַוְקָא בְּמָקוֹם שֶׁאֵין מַשְׂכִּירִין כַּיּוֹצֵא בָּהֶם, אֲבָל בְּמָקוֹם שֶׁמַּשְׂכִּירִין כַּיּוֹצֵא בָּהֶם – אָסוּר. דְּכָל הֲנָאָה הַמְּבִיאָה לִידֵי מַאֲכָל, שֶׁאִם לֹא הֶהֱנָהוּ זֶה מְחֻסַּר בָּהּ שָׁוֶה פְּרוּטָה – הֲנָאַת מַאֲכָל הוּא, שֶׁהֲרֵי רְאוּיָה אוֹתָהּ פְּרוּטָה לִקְנוֹת בָּהּ מַאֲכָל: **נֶדֶר.** הָאוֹמֵר: "הֲרֵי עָלַי עוֹלָה" וּלְאַחַר זְמַן הִפְרִישָׁהּ וְנֶאֶבְדָה – **חַיָּב בְּאַחֲרָיוּתָהּ: נְדָבָה.** הָאוֹמֵר: "הֲרֵי זוֹ עוֹלָה" וְנֶאֶבְדָה – **אֵינוֹ חַיָּב בְּאַחֲרָיוּתָהּ,** שֶׁהֲרֵי לֹא קִבְּלָהּ עָלָיו. אֲבָל לְעִנְיַן בַּל תְּאַחֵר – זֶה וָזֶה שָׁוִין דִּכְתִיב (דברים כג, כד): "כַּאֲשֶׁר נָדַרְתָּ לַה' אֱלֹהֶיךָ נְדָבָה, אֲשֶׁר דִּבַּרְתָּ בְּפִיךָ", הֲרֵי נֶדֶר וּנְדָבָה אֲמוּרִים בָּעִנְיָן:

משנה זו מבחינה בין סוגי נדרים שונים ובין נדרים לנדבות.

יש אדם שנודר שלא ליהנות מחברו כלל, ויש אדם שנודר שלא ליהנות מחברו בדברים הקשורים למאכל. ההבדל בין הנדרים הוא ש**אֵין בֵּין הַמֻּדָּר הֲנָאָה מֵחֲבֵרוֹ לַמֻּדָּר מִמֶּנּוּ מַאֲכָל אֶלָּא דְּרִיסַת הָרֶגֶל** – שהמודר מהנאת מאכל של חברו יכול להיכנס לביתו או לחצרו, ולמודר ממנו הנאה אסור לדרוך שם.

הבדל נוסף: **וְכֵלִים שֶׁאֵין עוֹשִׂין בָּהֶן אֹכֶל נֶפֶשׁ** – שהמודר מאכל יכול ליהנות מכלים שלא מכינים בהם אוכל, כגון מברג או סולם, ואינו עובר על נדרו אלא אם ייהנה בדבר שקשור לאוכל.

נדר הוא כאשר אדם שאמר על בהמה שרוצה להקריב 'הרי עליי עולה', ונדבה היא כאשר אדם אמר על בהמה 'הרי זו עולה', ומשום כך **אֵין בֵּין נְדָרִים לִנְדָבוֹת אֶלָּא שֶׁהַנְּדָרִים חַיָּב בְּאַחֲרָיוּתָן** – אם הבהמה מתה או אבדה חייב להביא אחרת, שכן האדם חִייב את עצמו להביא קרבן, ועד שאינו מביא קרבן אינו נפטר מנדרו. **וּנְדָבוֹת אֵינוֹ חַיָּב בְּאַחֲרָיוּתָן** – אם הבהמה מתה או אבדה אינו חייב להביא אחרת, שכן התחייב להביא בהמה מסוימת, והיא כבר איננה.

**ז** **אֵין בֵּין זָב הָרוֹאֶה שְׁתֵּי רְאִיּוֹת לְרוֹאֶה שָׁלֹשׁ, אֶלָּא קָרְבָּן.**

**אֵין בֵּין מְצֹרָע מֻסְגָּר לִמְצֹרָע מֻחְלָט, אֶלָּא פְּרִיעָה וּפְרִימָה.**

**אֵין בֵּין טָהוֹר מִתּוֹךְ הֶסְגֵּר לְטָהוֹר מִתּוֹךְ הֶחְלֵט, אֶלָּא תִּגְלַחַת וְצִפֳּרִים.**

### רבי עובדיה מברטנורה

**שְׁתֵּי רְאִיּוֹת.** בֵּין בְּיוֹם אֶחָד, בֵּין בִּשְׁנֵי יָמִים רְצוּפִים. וְכֵן שָׁלֹשׁ רְאִיּוֹת: בֵּין בְּיוֹם אֶחָד, בֵּין בִּשְׁלֹשָׁה יָמִים רְצוּפִים, אוֹ שְׁנַיִם בְּיוֹם אֶחָד וְאֶחָד לְמָחָר: **אֶלָּא קָרְבָּן.** שֶׁזָּב הָרוֹאֶה שְׁתֵּי רְאִיּוֹת אֵינוֹ טָעוּן קָרְבָּן. אֲבָל לְעִנְיַן לַעֲשׂוֹת מִשְׁכָּב וּמוֹשָׁב אַב הַטֻּמְאָה וַאֲפִלּוּ לֹא נָגַע בָּהֶן, וּסְפִירַת שִׁבְעָה מִשֶּׁיִּפְסֹק מִזּוֹבוֹ, שֶׁצָּרִיךְ לִמְנוֹת שִׁבְעָה נְקִיִּים קֹדֶם שֶׁיִּטְבֹּל – זֶה וָזֶה שָׁוִים:

**אֵין בֵּין מְצֹרָע מֻסְגָּר.** שֶׁטָּעוּן הֶסְגֵּר, כְּדִכְתִיב (ויקרא יג, ה): "וְהִסְגִּירוֹ הַכֹּהֵן שִׁבְעַת יָמִים": **לִמְצֹרָע מֻחְלָט.** שֶׁטִּמְּאוֹ הַכֹּהֵן לְגַמְרֵי: **אֶלָּא פְּרִיעָה וּפְרִימָה.** הָא לְעִנְיַן שִׁלּוּחַ וְטֻמְאָה – זֶה וָזֶה שָׁוִין:

**אֵין בֵּין טָהוֹר מִתּוֹךְ הֶסְגֵּר לְטָהוֹר מִתּוֹךְ הֶחְלֵט, אֶלָּא תִּגְלַחַת וְצִפֳּרִים.** דְּגַבֵּי תִּגְלַחַת וְצִפֳּרִים כְּתִיב (שם יד, ג): "וְהִנֵּה נִרְפָּא נֶגַע הַצָּרַעַת מִן הַצָּרוּעַ" – יָצָא מֻסְגָּר שֶׁצָּרַעְתּוֹ תְּלוּיָה בְּיָמִים, שֶׁאֲפִלּוּ נִרְפָּא – צָרִיךְ לִהְיוֹת מֻסְגָּר שִׁבְעָה יָמִים. אֲבָל לְעִנְיַן טָהֳרָה בְּמִקְוֶה – זֶה וָזֶה שָׁוִין, דִּבְטָהוֹר מִתּוֹךְ הֶסְגֵּר נָמִי כְּתִיב (שם יג, ו): "וְכִבֶּס בְּגָדָיו וְטָהֵר". וְאַף עַל גַּב דְּאִכָּא נָמִי קָרְבְּנוֹת אָשָׁם וְלֹג שֶׁמֶן, מִיהוּ הָכָא בְּיוֹם טָהֳרָתוֹ וּרְפוּאָתוֹ הוּא דְּקָתָנֵי, וְלָא אַיְרֵי בְּקָרְבָּנוֹת שֶׁהֵן בַּשְּׁמִינִי:

משנה זו דנה בהבדלים בין סוגים שונים של זבים ובין סוגים שונים של מצורעים.

זב הוא איש שיוצא מאיברו נוזל לבן. התורה (ויקרא טו, א-טו) אמרה שאם יראה פעמיים או שלוש פעמים ראיית זוב - הוא טמא. **אֵין בֵּין זָב הָרוֹאֶה שְׁתֵּי רְאִיּוֹת לְרוֹאֶה שָׁלֹשׁ אֶלָּא קָרְבָּן** - שהרואה זוב שלוש פעמים צריך להביא קרבן, אך שניהם צריכים לספור שבעה ימים נקיים כדי להיטהר.

צרעת היא נגע בעור האדם, בבשרו או בשערותיו (דיני הצרעת מובאים בספר ויקרא פרק יג). המצורע ניגש אל הכוהן כדי שיבחן את הנגע, אם צבעו של הנגע טמא - הכוהן מטמא את המצורע לשבוע. לאחר שבוע הכוהן שוב רואה את הנגע, אם הנגע לא גדל - המצורע נשאר טמא לעוד שבוע, ולאחריו צריך לגשת שוב אל הכוהן, ואם הנגע פָּשָׂה, כלומר, גָּדַל - הכוהן מטמא אותו שוב. כאשר המצורע טמא ומחכה לשמוע את פסיקת הכוהן הוא נקרא 'מצורע מוסגר', שהוא סגור בביתו ומחכה לחוות הדעת של הכוהן. כאשר הכוהן מטמא אותו בפעם השנייה הוא נקרא 'מצורע מוחלט', שטומאתו מוחלטת. דיני טומאתם וטהרתם של המצורע המוסגר והמצורע המוחלט שונים.

**אֵין בֵּין מְצֹרָע מֻסְגָּר לִמְצֹרָע מֻחְלָט** בדיני טומאתם **אֶלָּא פְּרִיעָה וּפְרִימָה** - מצורע מוסגר אינו צריך לפרוע את שערו (כלומר, לגדל אותו ולא להסתפר) ולפרום (לקרוע) את בגדיו, ומצורע מוחלט צריך לגדל את שערו ולקרוע את בגדיו לאות צער ואבלות על מצבו, אך שניהם מטמאים כלים ובגדים.

ובדיני טהרתם **אֵין בֵּין טָהוֹר מִתּוֹךְ הֶסְגֵּר לְטָהוֹר מִתּוֹךְ הֶחְלֵט אֶלָּא תִּגְלַחַת וְצִפֳּרִים** - מצורע מוסגר נטהר על ידי טהרה במקווה בלבד, ומצורע מוחלט צריך לגלח את שערו ולהביא אל המקדש שתי ציפורים, ולאחר שבעה ימים צריך להביא גם לוג שמן וקרבן אשם (ראה ויקרא פרק יד).

**ח** **אֵין בֵּין סְפָרִים לִתְפִלִּין וּמְזוּזוֹת,**
**אֶלָּא שֶׁהַסְּפָרִים נִכְתָּבִין בְּכָל לָשׁוֹן,**
**וּתְפִלִּין וּמְזוּזוֹת אֵינָן נִכְתָּבוֹת אֶלָּא אַשּׁוּרִית.**

**רַבָּן שִׁמְעוֹן בֶּן גַּמְלִיאֵל אוֹמֵר:**
**אַף בַּסְּפָרִים לֹא הִתִּירוּ שֶׁיִּכָּתְבוּ אֶלָּא יְוָנִית.**

**רבי עובדיה מברטנורה**

**נִכְתָּבִין בְּכָל לָשׁוֹן.** בִּכְתָב שֶׁל כָּל אֻמָּה, וּבְלָשׁוֹן שֶׁל כָּל אֻמָּה: **אֵין נִכְתָּבִין אֶלָּא יְוָנִית.** וְטַעֲמָא דְּשָׁרוּ סְפָרִים בִּיוָנִית יוֹתֵר מִשְּׁאָר לְשׁוֹנוֹת, דְּאָמַר קְרָא (בראשית ט, כז): "יַפְתְּ אֱלֹהִים לְיֶפֶת וְיִשְׁכֹּן בְּאָהֳלֵי שֵׁם", יַפְיָפוּתוֹ שֶׁל יֶפֶת, כְּלוֹמַר הַלָּשׁוֹן הַיָּפָה שֶׁבְּכָל בְּנֵי יֶפֶת, יִשְׁכֹּן בְּאָהֳלֵי שֵׁם (גמרא ט, ב), וְאֵין לְךָ לָשׁוֹן יָפָה בְּכָל בְּנֵי יֶפֶת כְּלָשׁוֹן יְוָנִי. וַהֲלָכָה כְּרַבָּן שִׁמְעוֹן בֶּן גַּמְלִיאֵל. מִיהוּ בַּזְּמַן הַזֶּה – כְּבָר אָבַד אוֹתוֹ לָשׁוֹן יְוָנִי וְנִשְׁתַּבֵּשׁ, לְפִיכָךְ אֵין כּוֹתְבִין סְפָרִים בַּזְּמַן הַזֶּה אֶלָּא בִּכְתַב הַקֹּדֶשׁ וּבִלְשׁוֹן הַקֹּדֶשׁ:

משנה זו עוסקת בהבדל בין תפילין, מזוזות וספרי תורה.

**אֵין בֵּין סְפָרִים לִתְפִלִּין וּמְזוּזוֹת, אֶלָּא שֶׁהַסְּפָרִים נִכְתָּבִין בְּכָל לָשׁוֹן** – גם בלשון לועזית.

**וּתְפִלִּין וּמְזוּזוֹת אֵינָן נִכְתָּבוֹת אֶלָּא אַשּׁוּרִית** – כלומר, בלשון הקודש, בכתב העברי שבימינו.

**רַבָּן שִׁמְעוֹן בֶּן גַּמְלִיאֵל אוֹמֵר: אַף בַּסְּפָרִים לֹא הִתִּירוּ שֶׁיִּכָּתְבוּ אֶלָּא יְוָנִית** – הטעם שהתירו ביוונית הוא משום שהיא לשון יפה, וכתיבה בה מפארת את התורה (ראה ברטנורה שלא מדובר ביוונית המוכרת לנו היום, אלא בשפה שאבדה מן העולם).

## ט

**אֵין בֵּין כֹּהֵן מָשׁוּחַ בְּשֶׁמֶן הַמִּשְׁחָה לִמְרֻבֶּה בְגָדִים, אֶלָּא פַּר הַבָּא עַל כָּל הַמִּצְוֹת.**

**אֵין בֵּין כֹּהֵן מְשַׁמֵּשׁ לְכֹהֵן שֶׁעָבַר, אֶלָּא פַּר יוֹם הַכִּפּוּרִים וַעֲשִׂירִית הָאֵיפָה.**

### רבי עובדיה מברטנורה

**מְרֻבֶּה בִּבְגָדִים.** כֹּהֲנִים שֶׁשִּׁמְּשׁוּ בְּבַיִת שֵׁנִי, וְאַף בְּבַיִת רִאשׁוֹן מִן יֹאשִׁיָּהוּ וְאֵילָךְ, שֶׁנִּגְנְזָה צְלוֹחִית שֶׁל שֶׁמֶן הַמִּשְׁחָה בְּיָמָיו, וְלֹא הָיוּ כֹּהֲנִים גְּדוֹלִים אֶלָּא בִּלְבִישַׁת הַבְּגָדִים בִּלְבַד: **פַּר הַבָּא עַל כָּל הַמִּצְוֹת.** כֹּהֵן מָשׁוּחַ שֶׁהוֹרָה הֶתֵּר בְּדָבָר שֶׁזְּדוֹנוֹ כָּרֵת וְעָשָׂה כְּהוֹרָאָתוֹ – מֵבִיא פַּר, כִּדְכְתִיב (ויקרא ד, ג): "וְאִם הַכֹּהֵן הַמָּשִׁיחַ [יֶחֱטָא... וְהִקְרִיב... פַּר]": **כֹּהֵן הַמְשַׁמֵּשׁ.** כֹּהֵן גָּדוֹל שֶׁאֵרַע בּוֹ פְּסוּל וּמִנּוּ אַחֵר תַּחְתָּיו וְעָבַר פְּסוּלוֹ וְחָזַר לַעֲבוֹדָתוֹ, וְהֶעֱבִירוּ הַבָּא תַּחְתָּיו. הָרִאשׁוֹן קָרוּי "מְשַׁמֵּשׁ", וְהַשֵּׁנִי – "עָבַר": **אֶלָּא פַּר יוֹם הַכִּפּוּרִים.** שֶׁאִי אֶפְשָׁר לְהָבִיא שְׁתַּיִם. וְכֵן **עֲשִׂירִית הָאֵיפָה,** חֲבִתֵּי כֹּהֵן גָּדוֹל שֶׁבְּכָל יוֹם, שֶׁאִי אֶפְשָׁר לְהָבִיא שְׁתַּיִם. הָא לְכָל שְׁאָר דְּבָרִים – זֶה וָזֶה שָׁוִין. אִם בָּא לְהַקְטִיר אוֹ לַעֲבֹד שׁוּם עֲבוֹדָה – מְשַׁמֵּשׁ בִּשְׁמֹנָה בְּגָדִים, וּשְׁנֵיהֶם מְצֻוִּין עַל הַבְּתוּלָה וּמֻזְהָרִים עַל הָאַלְמָנָה וּמַקְרִיבִין אוֹנְנִין:

מדין תורה, כוהן גדול לובש שמונה בגדים (כתונת, מכנסיים, מצנפת, אבנט, חושן, אפוד, מעיל וציץ) ונמשח בשמן המשחה. מימי יאשיהו המלך לא היה שמן המשחה, והכוהן הגדול היה מתמנה בלבישת בגדי כהונה בלבד, והוא מכונה "מרובה מגדים". דין נוסף שיש לכוהן גדול הוא שאם הכוהן הגדול היה נטמא, החליף אותו הסגן שלו. המשנה דנה בהבדלים בין כוהנים גדולים אלו.

**אֵין בֵּין כֹּהֵן** גדול הלבוש בשמונה בגדים ו**מָשׁוּחַ בְּשֶׁמֶן הַמִּשְׁחָה לִמְרֻבֶּה בְגָדִים** – לכוהן גדול שלבוש בשמונה בגדים אבל לא נמשח בשמן המשחה, **אֶלָּא פַּר הַבָּא עַל כָּל הַמִּצְוֹת** – כוהן גדול שעבר עברה שיש בה קרבן חטאת אינו מביא שעירה או כבש (ראה משנה הוריות ב, ג), כהדיוט, אלא פר, והתורה (ויקרא ד, ג) קבעה שרק כוהן שנמשח מביא פר.

פעמים שהכוהן הגדול היה נפסל מעבודה, כגון שנטמא, ובינתיים היו ממנים לו מחליף, וכאשר הכוהן הגדול חזר לעבודתו, הכוהן המחליף לא היה חוזר להיות כוהן הדיוט אלא היה לו מעמד ביניים, והוא מכונה: "כוהן שעבר". המשנה דנה בהבדל בין כוהן זה לכוהן הגדול.

**אֵין בֵּין כֹּהֵן מְשַׁמֵּשׁ לְכֹהֵן שֶׁעָבַר אֶלָּא פַּר יוֹם הַכִּפּוּרִים** – שכן אין מביאים ביום הכפורים שני פרים, אלא רק הכוהן המשמש בכהונה גדולה מביא פר, **וַעֲשִׂירִית הָאֵיפָה** – 12 חלות שהכוהן הגדול מקריב בכל יום. אבל שניהם אסורים להתחתן עם אלמנה ויכולים להתחתן רק עם בתולה (על פי ויקרא כא, יג), ויכולים לעבוד במקדש רק אם לובשים שמונה בגדים.

**י אֵין בֵּין בָּמָה גְדוֹלָה לְבָמָה קְטַנָּה אֶלָּא פְּסָחִים.**

**זֶה הַכְּלָל:**
**כָּל שֶׁהוּא נֶדֶר וְנְדָב – קָרֵב בְּבָמָה,**
**וְכָל שֶׁאֵינוֹ לֹא נֶדֶר וְלֹא נְדָב – אֵינוֹ קָרֵב בְּבָמָה.**

**רבי עובדיה מברטנורה**

**אֵין בֵּין בָּמָה גְדוֹלָה.** בִּשְׁעַת הֶתֵּר הַבָּמוֹת מַיְרֵי. בָּמָה גְדוֹלָה הִיא בָּמַת צִבּוּר, שֶׁהָיְתָה בְּנוֹב וְגִבְעוֹן: **לְבָמָה קְטַנָּה** שֶׁל כָּל יָחִיד וְיָחִיד, שֶׁכָּל אֶחָד הָיָה עוֹשֶׂה בָּמָה לְעַצְמוֹ: **אֶלָּא פְּסָחִים.** וְכָל שֶׁהוּא כְּעֵין פְּסָחִים, דְּהַיְנוּ הַחוֹבוֹת שֶׁקָּבוּעַ לָהֶן זְמַן כְּפֶסַח, כְּגוֹן תְּמִידִים וּמוּסָפִים. אֲבָל חוֹבוֹת שֶׁאֵין קָבוּעַ לָהֶם זְמַן, כְּגוֹן פַּר הֶעְלֵם דָּבָר שֶׁל צִבּוּר וּשְׂעִירֵי עֲבוֹדָה זָרָה – אַף בְּבָמָה גְדוֹלָה לֹא הָיוּ קְרֵבִין:

קודם שנבנה המקדש בירושלים ובזמן שהמשכן בשילה היה חרב היה מותר להקריב בבמות (במה היא מזבח). היו שני סוגי במות: במות ציבור ("במה גדולה"), כגון הבמות שהיו בנוב ובגבעון, ובמות יחיד ("במה קטנה"), שכל אחד היה יכול להקים ולהקריב בחצר ביתו קרבנות. המשנה דנה בהבדל ביניהם.

**אֵין בֵּין בָּמָה גְדוֹלָה לְבָמָה קְטַנָּה אֶלָּא פְּסָחִים** – קרבן פסח, שהוא קרבן חובה שקבוע לו זמן, ובגמרא (ט, ב) אמרו שהוא הדין לשאר קרבנות חובה שקבוע להם זמן, כגון: תמידים ומוספים. בגמרא (שם) הוסיפו שאפילו בבמה גדולה לא היו מקריבים חובות שאין קבוע להם זמן, כגון פר העלם דבר של ציבור.

**זֶה הַכְּלָל: כָּל שֶׁהוּא נֶדֶר וְנְדָב – קָרֵב בְּבָמָה** בבמה קטנה.

**וְכָל שֶׁאֵינוֹ לֹא נֶדֶר וְלֹא נְדָב – אֵינוֹ קָרֵב בְּבָמָה** בבמה קטנה.

**יא** אֵין בֵּין שִׁילֹה לִירוּשָׁלַיִם,

אֶלָּא שֶׁבְּשִׁילֹה –
אוֹכְלִים קָדָשִׁים קַלִּים וּמַעֲשֵׂר שֵׁנִי בְּכָל הָרוֹאֶה,
וּבִירוּשָׁלַיִם – לִפְנִים מִן הַחוֹמָה.

וְכָאן וְכָאן –
קָדְשֵׁי קָדָשִׁים נֶאֱכָלִים לִפְנִים מִן הַקְּלָעִים.
קְדֻשַּׁת שִׁילֹה – יֵשׁ אַחֲרֶיהָ הֶתֵּר,
וּקְדֻשַּׁת יְרוּשָׁלַיִם – אֵין אַחֲרֶיהָ הֶתֵּר.

**רבי עובדיה מברטנורה**

**בְּכָל הָרוֹאֶה.** בְּכָל מָקוֹם שֶׁיָּכוֹל לִרְאוֹת מִשָּׁם אֶת שִׁילֹה: **יֵשׁ אַחֲרֶיהָ הֶתֵּר.** כְּשֶׁחָרְבָה שִׁילֹה – הֻתְּרוּ הַבָּמוֹת:

משנה זו דנה בהבדל בין המשכן בשילה למקדש בירושלים.

**אֵין בֵּין שִׁילֹה לִירוּשָׁלַיִם, אֶלָּא שֶׁבְּשִׁילֹה אוֹכְלִים קָדָשִׁים קַלִּים**, כגון קרבנות תודה ושלמים, **וּמַעֲשֵׂר שֵׁנִי בְּכָל הָרוֹאֶה** – בכל מקום שיכול לראות ממנו את המשכן, גם אם המקום נמצא רחוק מאוד, **וּבִירוּשָׁלַיִם** – אוכלים **לִפְנִים מִן הַחוֹמָה** דווקא.

**וְכָאן וְכָאן קָדְשֵׁי קָדָשִׁים**, כגון חטאות ואשמות, **נֶאֱכָלִים לִפְנִים מִן הַקְּלָעִים** – חומת העזרה.

**קְדֻשַּׁת שִׁילֹה יֵשׁ אַחֲרֶיהָ הֶתֵּר** – שאחרי שחרב המשכן היה מותר להקריב בבמות, **וּקְדֻשַּׁת יְרוּשָׁלַיִם אֵין אַחֲרֶיהָ הֶתֵּר** – שאף על פי שחרב המקדש – אסור להקריב בבמות.

# פרק שני

פרק זה עוסק בדיני קריאת המגילה, באופנים שונים של קריאתה, כגון: אם קרא אותה שלא לפי הסדר, מתנמנם או בשפה זרה וכן באיזה דיו צריך לכתוב אותה. בהמשך דנים בבן עיר שהלך לכרך ולהפך, מתי יקרא, מהיכן צריך לקרוא את המגילה כדי לצאת ידי חובה, מי חייב לקרוא ומי פטור. בהמשך הוזכר זמן קריאת המגילה, ואגב דין זה הובאו מצוות נוספות שזמנן ביום ומצוות אחרות שזמנן בלילה.

## א

**הַקּוֹרֵא אֶת הַמְּגִלָּה לְמַפְרֵעַ - לֹא יָצָא.**

**קְרָאָהּ עַל פֶּה, קְרָאָהּ תַּרְגּוּם, בְּכָל לָשׁוֹן - לֹא יָצָא.**
**אֲבָל קוֹרִין אוֹתָהּ לַלּוֹעֲזוֹת בְּלַעַז.**
**וְהַלּוֹעֵז שֶׁשָּׁמַע אַשּׁוּרִית - יָצָא.**

### רבי עובדיה מברטנורה

**הַקּוֹרֵא אֶת הַמְּגִלָּה לְמַפְרֵעַ - לֹא יָצָא.** דִּכְתִיב (אסתר ט, כח): "וְהַיָּמִים הָאֵלֶּה נִזְכָּרִים וְנַעֲשִׂים", מָה עֲשִׂיַּת הַיָּמִים אִי אֶפְשָׁר לְמַפְרֵעַ, דְּאִי אֶפְשָׁר שֶׁיְּהֵא חֲמִשָּׁה עָשָׂר קֹדֶם אַרְבָּעָה עָשָׂר - אַף זְכִירָה, שֶׁהִיא קְרִיאַת הַמְּגִלָּה, לְמַפְרֵעַ לֹא: **קְרָאָהּ עַל פֶּה... לֹא יָצָא.** כְּתִיב הָכָא: "נִזְכָּרִים", וּכְתִיב הָתָם (שמות יז, יד): "כְּתֹב זֹאת זִכָּרוֹן בַּסֵּפֶר": **קְרָאָהּ תַּרְגּוּם, בְּכָל לָשׁוֹן - לֹא יָצָא.** הָכִי קָאָמַר, עִבְרִי **שֶׁקְּרָאָהּ תַּרְגּוּם** וְאֵינוֹ מֵבִין בִּלְשׁוֹן תַּרְגּוּם אוֹ **בְּכָל** שְׁאָר **לָשׁוֹן** שֶׁאֵינוֹ מֵבִין - **לֹא יָצָא**: **אֲבָל קוֹרִין אוֹתָהּ לַלּוֹעֲזוֹת בְּלַעַז.** בְּאוֹתוֹ לָשׁוֹן שֶׁהֵם מְבִינִים. וּבִלְבַד שֶׁתְּהֵא כְּתוּבָה בְּאוֹתוֹ לָשׁוֹן, שֶׁלֹּא יְהֵא קוֹרֵא עַל פֶּה: **וְהַלּוֹעֵז שֶׁשָּׁמַע אַשּׁוּרִית - יָצָא.** וִיוָנִית הֲרֵי הוּא כְּאַשּׁוּרִית לְדִין זֶה. אֶלָּא שֶׁכְּבָר אָבַד אוֹתוֹ לָשׁוֹן הַיְּוָנִי וְנִשְׁתַּכַּח, כִּדְכָתְבִינָן לְעֵיל (א, ח):

משנה זו דנה בקריאת המגילה שלא לפי הסדר וכן בקריאתה בשפות שונות.

**הַקּוֹרֵא אֶת הַמְּגִלָּה לְמַפְרֵעַ** - שלא לפי הסדר, כגון שקרא את פרק ה קודם לפרק ד, **לֹא יָצָא** - שהמצווה היא שיקרא את הסיפור כסדרו ובכך יזכור כיצד התגלגל הנס ואת סיבותיו (לבוש תרצ, ג).

**קְרָאָהּ עַל פֶּה... לֹא יָצָא** - חכמים דרשו שהזיכרון הנאמר במגילה (אסתר ט, כח): "והימים האלה נזכרים" הוא כזיכרון הנאמר במלחמת עמלק (שמות יז, יד): "כתוב זאת זכרון בספר", וקריאתה צריכה להיות מתוך ספר.

יהודי דובר עברית ש**קְרָאָהּ** את המגילה בלשון **תַּרְגּוּם** ארמי או **בְּכָל לָשׁוֹן**, כלומר שפה זרה אחרת, אם לא הבין את מה שקרא, **לֹא יָצָא** - שעיקר מצוות הקריאה הוא שיבין את מה שקורא. ויש אומרים שגם אם הבין את הלעז שקרא לא יצא, מפני שאם הוא דובר עברית - הוא צריך לקרוא את המגילה בעברית (או ביוונית, ראה לעיל א, ח).

**אֲבָל קוֹרִין אוֹתָהּ לַלּוֹעֲזוֹת**, שאינם דוברי עברית, **בְּלַעַז** - בשפה שהם מבינים, ובלבד שהיא כתובה בלשון זו והוא קורא מתוך הכתב. הטעם שהתירו לשנות מעיקר התקנה של קריאת המגילה בעברית ולקרוא בלשונות אחרים הוא כדי שהציבור שאינו דובר עברית יוכל להבין את סיפור המגילה ובכך יהיה פרסום הנס.

**וְהַלּוֹעֵז**, מי שאינו דובר עברית, **שֶׁשָּׁמַע אַשּׁוּרִית**, הוא הכתב העברי שבימינו, **יָצָא** - אף על פי שלא הבין. בגמרא (יח, א) אמרו שיש במגילה מצוות קריאה ומצוות פרסום הנס, ומי שקורא את המגילה בעברית - יצא ידי חובת הקריאה, כעיקר התקנה, אף על פי שלא הבין את מה שקרא.

## ב קְרָאָהּ סֵרוּגִין וּמִתְנַמְנֵם – יָצָא.

**הָיָה כּוֹתְבָהּ, דּוֹרְשָׁהּ וּמַגִּיהָהּ:**
**אִם כִּוֵּן לִבּוֹ – יָצָא,**
**וְאִם לָאו – לֹא יָצָא.**

**הָיְתָה כְתוּבָה בְּסַם וּבְסִקְרָא וּבְקוֹמוֹס וּבְקַנְקַנְתּוֹם,**
**עַל הַנְּיָר וְעַל הַדִּפְתְּרָא – לֹא יָצָא,**
**עַד שֶׁתְּהֵא כְתוּבָה אַשּׁוּרִית עַל הַסֵּפֶר וּבִדְיוֹ.**

### רבי עובדיה מברטנורה

**סֵרוּגִין.** שֶׁקָּרָא מְעַט וְשָׁהָא, וְחָזַר וְקָרָא מְעַט וְשָׁהָא, אֲפִלּוּ שָׁהָא יוֹתֵר מִכְּדֵי לִגְמֹר אֶת כֻּלָּהּ – **יָצָא:** **הָיָה כּוֹתְבָהּ, דּוֹרְשָׁהּ וּמַגִּיהָהּ.** כְּגוֹן דִּכְתִיבָא כֻּלָּהּ וּמַנְחָא קַמֵּהּ, וְקָרֵי פְּסוּקָא פְּסוּקָא בִּמְגִלְּתָא דְּמַנְחָא קַמֵּהּ וְכָתַב לָהּ [=כגון שהיא כתובה כולה ומונחת לפניו, וקורא פסוק פסוק במגילה שמונחת לפניו וכותב], דְּלָא נָפֵיק יְדֵי חוֹבְתֵיהּ אֶלָּא כְּשֶׁקּוֹרֵא בִּמְגִלָּה שֶׁהִיא כְּתוּבָה כֻּלָּהּ: **אִם כִּוֵּן לִבּוֹ** לָצֵאת בִּקְרִיאָה זוֹ: **בְּסַם.** שֹׁרֶשׁ עֵשֶׂב שֶׁקּוֹרִין לוֹ סַמָּא: **בְּסִקְרָא.** אֶבֶן שֶׁצּוֹבְעִים בָּהּ אָדֹם: **קוֹמוֹס.** מִין שָׂרָף, ובלע"ז גומ"א [נָטָף]: **קַנְקַנְתּוֹם.** ודריאול"ו בלע"ז, וּבַעֲרָבִי זא"ג [מִין מֶלַח בְּגָוֶן צָהֹב אוֹ יָרֹק]: **נְיָר.** עָשׂוּי מֵעֲשָׂבִים עַל יְדֵי דֶּבֶק וְכוֹתְבִים עָלָיו: **דִּפְתְּרָא.** עוֹר שֶׁלֹּא נִשְׁלַם תִּקּוּנוֹ. דִּמְלִיחַ וְקָמִיחַ וְלֹא עָפִיץ: **עַל הַסֵּפֶר.** עַל הַקְּלָף:

משנה זו דנה במי שקרא את המגילה במצבים שונים, מתי יצא ידי חובה ומתי לא, וכן על גבי מה ובאיזה חומר כותבים אותה.

**קְרָאָהּ סֵרוּגִין** – קרא את המגילה לפי הסדר, אבל בהפסקות בין קטע לקטע, ואפילו אם ההפסקות נמשכו זמן רב ואפילו אם דיבר בהן, **וּמִתְנַמְנֵם** – שינה שאינה עמוקה, **יָצָא** – אף שלא קרא אותה ברצף ובריכוז מלא, שכן מצוות קריאת מגילה, שהיא זיכרון הנס, אינה דורשת ריכוז מלא כבקריאת שמע, שהיא קבלת עול מלכות שמים.

**הָיָה כּוֹתְבָהּ** – בזמן שקרא את המגילה כוונתו הייתה להעתיק ממנה למגילה אחרת, **דּוֹרְשָׁהּ** – בזמן קריאתה, בין פסוק לפסוק דרש דרשות לקהל, **וּמַגִּיהָהּ** – כוונתו בקריאה הייתה להגיה ולתקן אותה, **אִם כִּוֵּן לִבּוֹ** בזמן הקריאה לצאת ידי חובה – **יָצָא, וְאִם לָאו – לֹא יָצָא.**

**הָיְתָה כְּתוּבָה בְּסַם** – מין אדמה כתומה, **וּבְסִקְרָא** – מין צבע אדום, **וּבְקוֹמוֹס** – שרף אילן, **וּבְקַנְקַנְתּוֹם** – צבע ממי נחושת, **עַל הַנְּיָר** – הנייר בזמן המשנה היה עשוי מקנים שנארגו בצפיפות (כיום קוראים לנייר כזה: פפירוס), **וְעַל הַדִּפְתְּרָא** – עור שאינו מעובד, **לֹא יָצָא, עַד שֶׁתְּהֵא כְּתוּבָה אַשּׁוּרִית** – כתב עברי של ימינו, **עַל הַסֵּפֶר** – קלף מעובד העשוי מעור, **וּבִדְיוֹ** – חומר כתיבה בצבע שחור שמתקיים וניכר על הקלף.

**ג** **בֶּן עִיר שֶׁהָלַךְ לִכְרַךְ וּבֶן כְּרַךְ שֶׁהָלַךְ לָעִיר:**
**אִם עָתִיד לַחֲזוֹר לִמְקוֹמוֹ - קוֹרֵא כִמְקוֹמוֹ,**
**וְאִם לָאו - קוֹרֵא עִמָּהֶן.**

**מֵהֵיכָן קוֹרֵא אָדָם אֶת הַמְּגִלָּה וְיוֹצֵא בָהּ יְדֵי חוֹבָתוֹ?**
**רַבִּי מֵאִיר אוֹמֵר: כֻּלָּהּ.**
**רַבִּי יְהוּדָה אוֹמֵר: מֵ"אִישׁ יְהוּדִי" (אסתר ב, ה).**
**רַבִּי יוֹסֵי אוֹמֵר: מֵ"אַחַר הַדְּבָרִים הָאֵלֶּה" (אסתר ג, א).**

### רבי עובדיה מברטנורה

**בֶּן עִיר.** שֶׁזְּמַנּוֹ בְּי"ד: **שֶׁהָלַךְ לִכְרַךְ.** שֶׁזְּמַנּוֹ בְּט"ו: **אִם עָתִיד לַחֲזוֹר לִמְקוֹמוֹ.** אִם הוּא בֶּן כְּרַךְ שֶׁהָלַךְ לָעִיר וְעָתִיד לָצֵאת מִן הָעִיר בְּלֵיל י"ד קֹדֶם עַמּוּד הַשַּׁחַר, אַף עַל פִּי שֶׁהוּא בַּלַּיְלָה בָּעִיר, הוֹאִיל וּבַיּוֹם לֹא יִהְיֶה בָּעִיר - אֵין זֶה אֲפִלּוּ פָּרוּז לְיוֹמוֹ, הִלְכָּךְ **קוֹרֵא כִמְקוֹמוֹ** בְּט"ו. אֲבָל אִם אֵינוֹ עָתִיד לָצֵאת מִשָּׁם הַלַּיְלָה, דְּהַשְׁתָּא הָוֵי פָּרוּז לְאוֹתוֹ הַיּוֹם, אַף עַל פִּי שֶׁעָתִיד לַחֲזוֹר לְמָחָר אוֹ לְיוֹם אַחֵר - נִקְרָא "פָּרוּז" **וְקוֹרֵא עִמָּהֶם.** וְהוּא הַדִּין לְבֶן עִיר שֶׁהָלַךְ לִכְרַךְ, אִם עָתִיד לַחֲזוֹר בְּלֵיל ט"ו - לָא הָוֵי מֻקָּף לְיוֹמוֹ, וְקוֹרֵא בְּיוֹם י"ד, וְאַף עַל פִּי שֶׁהוּא בִּכְרַךְ, אֲבָל אִם אֵין עָתִיד לַחֲזוֹר בְּלֵיל ט"ו - אֵינוֹ קוֹרֵא בְּי"ד אֶלָּא מַמְתִּין וְקוֹרֵא עִמָּהֶן. וְהָכִי מְפָרְשֵׁי לָהּ לְמַתְנִיתִין בַּגְּמָרָא (יט, א): **רַבִּי מֵאִיר אוֹמֵר: כֻּלָּהּ.** וַהֲלָכָה כְּרַבִּי מֵאִיר:

משנה זו דנה בבן עיר שהלך לכרך ולהפך, מתי זמן קריאתו, וכן אלו חלקים במגילה צריך לקרוא כדי לצאת ידי חובת קריאתה.

**בֶּן עִיר שֶׁהָלַךְ לִכְרַךְ וּבֶן כְּרַךְ שֶׁהָלַךְ לָעִיר** ושנינו לעיל (א, א-ב) שזמן בני הכרכים הוא בט"ו באדר, וזמן בני העיר בי"ד: **אִם עָתִיד לַחֲזוֹר לִמְקוֹמוֹ** בליל י"ד, שהוא זמן חיוב קריאת מגילה לבני העיר, ובזמן זה נקבע אם אדם הוא בן עיר או בן כרך **- קוֹרֵא** את המגילה ומקיים את שאר מצוות הפורים **כִמְקוֹמוֹ** המקורי, אפילו שאינו שם עכשיו.

**וְאִם לָאו -** כלומר, בליל י"ד באדר אינו מתכנן לחזור למקומו, **קוֹרֵא עִמָּהֶן -** עם בני המקום שנמצא בו עכשיו.

התנאים נחלקו מהיכן חייבים לקרוא כדי לצאת ידי חובת קריאת מגילה. לכל הדעות צריך להזכיר את עיקר הנס, ונחלקו מהו עיקר הנס.

**מֵהֵיכָן קוֹרֵא אָדָם אֶת הַמְּגִלָּה וְיוֹצֵא בָהּ יְדֵי חוֹבָתוֹ?**

**רַבִּי מֵאִיר אוֹמֵר: כֻּלָּהּ** – שכן רק אם קוראים את כל המגילה מבינים את השתלשלות הנס.

**רַבִּי יְהוּדָה אוֹמֵר: מֵ"אִישׁ יְהוּדִי"** – שם מסופר על גדולתו של מרדכי, ועיקר הנס מתחיל בעלייתו לגדולה.

**רַבִּי יוֹסֵי אוֹמֵר: מֵ"אַחַר הַדְּבָרִים הָאֵלֶּה** גִּדַּל הַמֶּלֶךְ אֲחַשְׁוֵרוֹשׁ אֶת הָמָן" - שם מתחיל חלקו של המן הרשע בסיפור המגילה, והנס התגלגל בגלל מעשיו.

לכל הדעות המגילה כולה צריכה להיות כתובה בשלמותה.

בתוספתא (ב, ט) מובאת דעה נוספת: מ"בלילה ההוא נדדה שנת המלך" (אסתר ה, א), שזו תחילת מפלתו של המן.

**ד** **הַכֹּל כְּשֵׁרִין לִקְרוֹת אֶת הַמְּגִלָּה, חוּץ מֵחֵרֵשׁ, שׁוֹטֶה וְקָטָן. רַבִּי יְהוּדָה מַכְשִׁיר בְּקָטָן.**

**אֵין קוֹרִין אֶת הַמְּגִלָּה, וְלֹא מָלִין, וְלֹא טוֹבְלִין, וְלֹא מַזִּין, וְכֵן שׁוֹמֶרֶת יוֹם כְּנֶגֶד יוֹם לֹא תִּטְבֹּל - עַד שֶׁתָּנֵץ הַחַמָּה. וְכֻלָּן שֶׁעָשׂוּ מִשֶּׁעָלָה עַמּוּד הַשַּׁחַר - כָּשֵׁר.**

### רבי עובדיה מברטנורה

**הַכֹּל כְּשֵׁרִים לִקְרוֹת אֶת הַמְּגִלָּה. הַכֹּל** - לְאָתוּיֵי נָשִׁים: **חוּץ מֵחֵרֵשׁ.** מַתְנִיתִין רַבִּי יוֹסֵי הִיא, דְּאָמַר (משנה ברכות ב, ג): "הַקּוֹרֵא וְלֹא הִשְׁמִיעַ לְאָזְנָיו - לֹא יָצָא": **רַבִּי יְהוּדָה מַכְשִׁיר בְּקָטָן.** וְאֵין הֲלָכָה כְּרַבִּי יְהוּדָה:

**אֵין קוֹרִין אֶת הַמְּגִלָּה.** שֶׁחַיָּב אָדָם לִקְרוֹת אֶת הַמְּגִלָּה בַּלַּיְלָה וְלַחֲזֹר וּלְקָרְאָהּ בַּיּוֹם. וּקְרִיאָה שֶׁל יוֹם לֹא תְּהֵא אֶלָּא לְאַחַר הָנֵץ **הַחַמָּה,** דִּכְתִיב (אסתר ט, כח): "וְהַיָּמִים הָאֵלֶּה נִזְכָּרִים וְנַעֲשִׂים": **וְלֹא מָלִין.** דִּכְתִיב (ויקרא יב, ג): "וּבַיּוֹם הַשְּׁמִינִי יִמּוֹל": **וְלֹא טוֹבְלִין, וְלֹא מַזִּין.** דִּכְתִיב בְּהַזָּאָה (במדבר יט, יט): "וְהִזָּה הַטָּהֹר עַל הַטָּמֵא בַּיּוֹם הַשְּׁלִישִׁי וּבַיּוֹם הַשְּׁבִיעִי", וְהִקְשָׁה טְבִילָה לְהַזָּאָה. וְדַוְקָא כְּשֶׁטּוֹבֵל בַּשְּׁבִיעִי אָמְרִינָן דְּאֵין טוֹבְלִין אֶלָּא בַּיּוֹם, וְלָא אָמְרִינָן: מִשֶּׁחֲשֵׁכָה בִּתְחִלַּת שְׁבִיעִי רָאוּי לִטְבֹּל, אַף עַל גַּב דְּלַיְלָה תְּחִלַּת הַיּוֹם הוּא. אֲבָל מִשֶּׁעָבַר יוֹם שְׁבִיעִי - מֻתָּר לִטְבֹּל בַּלַּיְלָה: **שׁוֹמֶרֶת יוֹם כְּנֶגֶד יוֹם.** בְּאַחַד עָשָׂר יָמִים שֶׁבֵּין נִדָּה לְנִדָּה. אִם רָאֲתָה יוֹם אֶחָד - שׁוֹמֶרֶת יוֹם מָחֳרָתוֹ וְטוֹבֶלֶת בְּאוֹתוֹ יוֹם עַצְמוֹ מִ**שֶּׁתָּנֵץ הַחַמָּה: מִשֶּׁעָלָה עַמּוּד הַשַּׁחַר כָּשֵׁר.** דְּמִשֶּׁעָלָה עַמּוּד הַשַּׁחַר אִקְרֵי יוֹם, דִּכְתִיב בְּסֵפֶר עֶזְרָא (נחמיה ד, טו): "וַאֲנַחְנוּ עֹשִׂים בַּמְּלָאכָה [וגו'] מֵעֲלוֹת הַשַּׁחַר עַד צֵאת הַכּוֹכָבִים", וּכְתִיב בַּתְרֵיהּ (שם, טז): "וְהָיוּ לָנוּ הַלַּיְלָה מִשְׁמָר וְהַיּוֹם מְלָאכָה". וְלֹא אָמְרוּ עַד הָנֵץ הַחַמָּה אֶלָּא כְּדֵי לָצֵאת מִסְּפֵק לַיְלָה, לְפִי שֶׁאֵין הַכֹּל בְּקִיאִין כְּשֶׁיַּעֲלֶה עַמּוּד הַשַּׁחַר:

משנה זו דנה מי יכול להוציא אחרים ידי חובת קריאת מגילה, וכן דנה במצוות הנעשות ביום, שזמן עשייתן הוא מזריחת החמה, אך הן כשרות בדיעבד משעלה עמוד השחר.

**הַכֹּל כְּשֵׁרִין לִקְרוֹת אֶת הַמְּגִלָּה** - גברים ונשים, שכולם היו בכלל הנס, **חוּץ מֵחֵרֵשׁ, שׁוֹטֶה וְקָטָן** - שאינם חייבים במצוות.

**רַבִּי יְהוּדָה מַכְשִׁיר בְּקָטָן** שהגיע לגיל חינוך, שחלים עליו חיובי מצוות מדרבנן, ולדעתו קטן זה יכול

להוציא גדולים ידי חובה, שכן גם הגדולים מחויבים בקריאת המגילה רק מדרבנן, אך תנא קמא סבור שחובת הקטן פחותה משל גדול, שכן אצל קטן יש שתי מדרגות מדרבנן: עיקר חובת הקריאה הוא מדברי חכמים, וחובת קטן במצוות גם היא מדברי חכמים.

**אֵין קוֹרִין אֶת הַמְּגִלָּה... עַד שֶׁתָּנֵץ הַחַמָּה** – חיוב הקריאה של הבוקר הוא מהנץ החמה, כלומר, כשמתחילים לראות את גלגל השמש עולה על פני הארץ, שזהו זמן התחלת היום.

וכן בכל המצוות שזמנן ביום.

**וְלֹא מָלִין... עַד שֶׁתָּנֵץ הַחַמָּה** – ברית מילה, צריכה להיות "ביום... ימול בשר ערלתו" (ויקרא יב, ג).

**וְלֹא טוֹבְלִין** – טבילה של אדם מטומאת מת, **וְלֹא מַזִּין** – אפר פרה אדומה על טמא מת... **עַד שֶׁתָּנֵץ הַחַמָּה** – בהזאה נאמר (במדבר יט, יט) "והִזה... ביום השלישי וביום השביעי", ולמדו טבילה מהזאה.

**וְכֵן שׁוֹמֶרֶת יוֹם כְּנֶגֶד יוֹם**, אישה שראתה מאֵיברה זיבת דם יום אחד או שני ימים בימי זיבתה (שהם אחד עשר ימים שאחרי שבע ימי נידותה), דינה הוא שהיא צריכה להיות נקייה מזיבה יום שלם, ויכולה לטבול למחרת אותו היום, וכשהיא טובלת - **לֹא תִטְבֹּל עַד שֶׁתָּנֵץ הַחַמָּה**.

**וְכֻלָּן שֶׁעָשׂוּ מִשֶּׁעָלָה עַמּוּד הַשַּׁחַר** – בדיעבד **כָּשֵׁר**.

**ה** כָּל הַיּוֹם כָּשֵׁר לִקְרִיאַת הַמְּגִלָּה, וְלִקְרִיאַת הַהַלֵּל,
וְלִתְקִיעַת שׁוֹפָר, וְלִנְטִילַת לוּלָב,
וְלִתְפִלַּת הַמּוּסָפִין, וְלַמּוּסָפִין,
וּלְוִדּוּי הַפָּרִים, וּלְוִדּוּי הַמַּעֲשֵׂר, וּלְוִדּוּי יוֹם הַכִּפּוּרִים,
לִסְמִיכָה, לִשְׁחִיטָה, לִתְנוּפָה,
לְהַגָּשָׁה, לִקְמִיצָה, וּלְהַקְטָרָה,
לִמְלִיקָה, וּלְקַבָּלָה, וּלְהַזָּיָה,
וּלְהַשְׁקָיַת סוֹטָה, וְלַעֲרִיפַת הָעֶגְלָה, וּלְטַהֲרַת הַמְּצֹרָע.

### רבי עובדיה מברטנורה

**וּלְוִדּוּי הַפָּרִים.** פַּר כֹּהֵן מָשִׁיחַ וּפַר הֶעְלֵם דָּבָר שֶׁל צִבּוּר, שֶׁמִּתְוַדִּים עֲלֵיהֶם חֶטְאָם שֶׁהֱבִיאוּם עָלָיו: **וּלְוִדּוּי הַמַּעֲשֵׂר.** "בִּעַרְתִּי הַקֹּדֶשׁ מִן הַבַּיִת" (דברים כו, יג): **לִסְמִיכָה.** "וְסָמַךְ יָדוֹ עַל רֹאשׁ הָעֹלָה" (ויקרא א, ד): **לְהַגָּשָׁה.** מַגִּישׁ אֶת הַמִּנְחָה תְּחִלָּה בְּקֶרֶן מַעֲרָבִית דְּרוֹמִית שֶׁל מִזְבֵּחַ, וְאַחַר כָּךְ קוֹמֵץ: **וְלִקְמִיצָה, וּלְהַקְטָרָה.** בְּהַקְטָרַת קֹמֶץ קָאָמַר, שֶׁהוּא בַּמִּנְחָה כְּנֶגֶד זְרִיקַת דָּם בַּזְּבָחִים, וְאֵינָהּ כְּשֵׁרָה אֶלָּא בַּיּוֹם. אֲבָל הֶקְטֵר חֲלָבִים וְאֵבָרִים – כָּשֵׁר כָּל הַלַּיְלָה, כִּדְתְנַן בְּמַתְנִיתִין (לקמן משנה ו): **לְקַבָּלָה.** קַבָּלַת הַדָּם בַּמִּזְרָק: **לְהַזָּיָה.** הַזָּיַת פָּרִים הַנִּשְׂרָפִים וְכָל חַטָּאוֹת הַפְּנִימִיּוֹת. וּזְרִיקַת דָּם עַל הַמִּזְבֵּחַ – נָמֵי קָרֵי הַזָּיָה:

במשנה זו מובאת רשימה של מצוות שזמן הקיום שלהן הוא כל היום, מזריחת החמה ועד שקיעתה.

**כָּל הַיּוֹם**, מזריחת החמה ועד שקיעתה, **כָּשֵׁר לִקְרִיאַת הַמְּגִלָּה, וְלִקְרִיאַת הַהַלֵּל, וְלִתְקִיעַת שׁוֹפָר, וְלִנְטִילַת לוּלָב, וְלִתְפִלַּת הַמּוּסָפִין, וְלַמּוּסָפִין** – קרבנות המוספים במקדש, **וּלְוִדּוּי הַפָּרִים** – כגון פר העלם דבר של ציבור או פר שמביא כוהן גדול אם חטא (ויקרא פרק ד), **וּלְוִדּוּי הַמַּעֲשֵׂר** – ביום טוב האחרון של פסח בשנה הרביעית והשביעית (דברים כו, יב-טו), **וּלְוִדּוּי יוֹם הַכִּפּוּרִים** – של הכוהן הגדול, שזמן מצוות אלו הוא ביום.

**כָּל הַיּוֹם כָּשֵׁר... לִסְמִיכָה** – סמיכת ידיים של הבעלים על קרבן יחיד שבא חובה או נדבה, **לִשְׁחִיטָה** – של קרבנות, שכן כל דיני הקרבן כשרים ביום בלבד.

**כָּל הַיּוֹם כָּשֵׁר... לִתְנוּפָה** – כגון תנופת העומר הבאה מראשית קציר השעורים (ויקרא כג, יא).

**כָּל הַיּוֹם כָּשֵׁר... לְהַגָּשָׁה, לִקְמִיצָה** – של מנחות, שמגיש אותה למזבח ואחר כך קומץ ממנה קומץ.

**כָּל הַיּוֹם כָּשֵׁר... וּלְהַקְטָרָה** – של המנחה, אבל הקטרה של איברי הקרבן יכולה להיות כל הלילה, כמבואר במשנה הבאה.

**כָּל הַיּוֹם כָּשֵׁר... לִמְלִיקָה** – של קרבנות עוף.

**כָּל הַיּוֹם כָּשֵׁר... וּלְקַבָּלָה, וּלְהַזָּיָה** – של דם הקרבנות.

**כָּל הַיּוֹם כָּשֵׁר... וּלְהַשְׁקָיַת סוֹטָה, וְלַעֲרִיפַת הָעֶגְלָה, וּלְטַהֲרַת הַמְּצֹרָע** – שכל אלו מצוות שזמנן כל היום, עד הלילה.

**ו** **כָּל הַלַּיְלָה כָּשֵׁר לִקְצִירַת הָעֹמֶר, וּלְהֶקְטֵר חֲלָבִים וְאֵבָרִים.**

**זֶה הַכְּלָל:**

**דָּבָר שֶׁמִּצְוָתוֹ בַּיּוֹם –**
**כָּשֵׁר כָּל הַיּוֹם,**
**דָּבָר שֶׁמִּצְוָתוֹ בַּלַּיְלָה –**
**כָּשֵׁר כָּל הַלַּיְלָה.**

**רבי עובדיה מברטנורה**

**וּלְהֶקְטֵר חֲלָבִים וְאֵבָרִים.** מוּתְרֵי תָּמִיד שֶׁל בֵּין הָעַרְבַּיִם, דִּכְתִיב בְּהוּ (ויקרא ו, ב): "הִוא הָעֹלָה עַל מוֹקְדָה עַל הַמִּזְבֵּחַ כָּל הַלַּיְלָה": **זֶה הַכְּלָל: דָּבָר שֶׁמִּצְוָתוֹ בַּיּוֹם – כָּשֵׁר כָּל הַיּוֹם.** לְאַתּוּיֵי סִדּוּר שְׁתֵּי בְּזִיכֵי לְבוֹנָה שֶׁנּוֹתְנִים עַל לֶחֶם הַפָּנִים: **וְדָבָר שֶׁמִּצְוָתוֹ בַּלַּיְלָה – כָּשֵׁר כָּל הַלַּיְלָה.** לְאַתּוּיֵי אֲכִילַת פְּסָחִים שֶׁכָּשֵׁר כָּל הַלַּיְלָה. וְלֹא אָמְרוּ חֲכָמִים: "עַד חֲצוֹת", אֶלָּא כְּדֵי לְהַרְחִיק אֶת הָאָדָם מִן הָעֲבֵרָה (ברכות א, א):

גם משנה זו דנה במצוות שנעשות ביום, ובסופה בא סיכום הדינים של המשניות האחרונות.

**כָּל הַלַּיְלָה כָּשֵׁר לִקְצִירַת הָעֹמֶר** – זמן קצירת השעורים לקרבן העומר הוא בלילה, כדי שביום יוכלו להקריב אותו, **וּלְהֶקְטֵר חֲלָבִים וְאֵבָרִים** – של תמיד של בין הערביים, שהקריבו אותו סמוך לסוף היום, ואת החלבים והאברים שלו מקטירים על המזבח כל הלילה.

**זֶה הַכְּלָל:**

**דָּבָר שֶׁמִּצְוָתוֹ בַּיּוֹם – כָּשֵׁר כָּל הַיּוֹם** עד שקיעת החמה.

**דָּבָר שֶׁמִּצְוָתוֹ בַּלַּיְלָה – כָּשֵׁר כָּל הַלַּיְלָה** עד עלות השחר.

# פרק שלישי

בהמשך להלכות קריאת המגילה שבפרק הקודם, פרק זה עוסק בקדושת בית הכנסת ותשמישי הקדושה (א-ג), ובקריאת התורה של מועדי השנה (ד-ו). הלכות אלו נשנו כאן אגב קריאת המגילה, שגם היא תקנת נביאים וקוראים בה בבית הכנסת בציבור (תוספות יום טוב).

**א** בְּנֵי הָעִיר שֶׁמָּכְרוּ רְחוֹבָהּ שֶׁל עִיר – לוֹקְחִין בְּדָמָיו בֵּית הַכְּנֶסֶת,
בֵּית הַכְּנֶסֶת – לוֹקְחִין תֵּבָה,
תֵּבָה – לוֹקְחִין מִטְפָּחוֹת,
מִטְפָּחוֹת – לוֹקְחִין סְפָרִים,
סְפָרִים – לוֹקְחִין תּוֹרָה.

אֲבָל אִם מָכְרוּ תּוֹרָה – לֹא יִקְחוּ סְפָרִים,
סְפָרִים – לֹא יִקְחוּ מִטְפָּחוֹת,
מִטְפָּחוֹת – לֹא יִקְחוּ תֵּבָה,
תֵּבָה – לֹא יִקְחוּ בֵּית הַכְּנֶסֶת,
בֵּית הַכְּנֶסֶת – לֹא יִקְחוּ אֶת הָרְחוֹב,
וְכֵן בְּמוֹתְרֵיהֶן.

אֵין מוֹכְרִין אֶת שֶׁל רַבִּים לְיָחִיד,
מִפְּנֵי שֶׁמּוֹרִידִין אוֹתוֹ מִקְּדֻשָּׁתוֹ,
דִּבְרֵי רַבִּי יְהוּדָה.
אָמְרוּ לוֹ: אִם כֵּן,
אַף לֹא מֵעִיר גְּדוֹלָה לְעִיר קְטַנָּה.

**רבי עובדיה מברטנורה**

**בְּנֵי הָעִיר... רְחוֹבָהּ שֶׁל עִיר.** יֵשׁ בָּהּ קְדֻשָּׁה, שֶׁמִּתְפַּלְּלִין בָּהּ בְּתַעֲנִיּוֹת. וַחֲכָמִים פְּלִיגֵי עַל סְתַם מַתְנִיתִין, וְאָמְרֵי: רְחוֹבָהּ שֶׁל עִיר – אֵין בָּהּ מִשּׁוּם קְדֻשָּׁה, הוֹאִיל וְאֵין מִתְפַּלְּלִין בָּהּ אֶלָּא בְּאַקְרַאי בְּעָלְמָא. וַהֲלָכָה כַּחֲכָמִים: **בֵּית הַכְּנֶסֶת – לוֹקְחִין תֵּבָה.** וְדַוְקָא בֵּית הַכְּנֶסֶת דִּכְפָרִים הוּא, דְּמָצוּ מְזַבְּנֵי לָהּ. אֲבָל בֵּית הַכְּנֶסֶת דִּכְרַכִּים, כֵּיוָן דְּמֵעָלְמָא קָא אָתוּ לָהּ – הָוְיָא דְּרַבִּים, וְלָא מָצוּ מְזַבְּנֵי לָהּ: **סְפָרִים.** נְבִיאִים וּכְתוּבִים: **אֲבָל אִם מָכְרוּ תּוֹרָה – לֹא יִקְחוּ סְפָרִים.** דְּמַעֲלִין בַּקֹּדֶשׁ וְאֵין מוֹרִידִין: **וְכֵן בְּמוֹתְרֵיהֶן.** מָכְרוּ סְפָרִים וְלָקְחוּ מִמִּקְצָת הַדָּמִים תּוֹרָה – לֹא יִקְחוּ מִן הַמּוֹתָר דָּבָר שֶׁקְּדֻשָּׁתוֹ פְּחוּתָה. וְלֹא נֶאֶמְרוּ כָּל הַדְּבָרִים הַלָּלוּ אֶלָּא כְּשֶׁלֹּא מָכְרוּ שִׁבְעָה טוֹבֵי הָעִיר בְּמַעֲמַד אַנְשֵׁי הָעִיר. אֲבָל אִם מָכְרוּ שִׁבְעָה טוֹבֵי הָעִיר בְּמַעֲמַד אַנְשֵׁי הָעִיר – אֲפִלּוּ לִקְנוֹת בַּדָּמִים שֵׁכָר לִשְׁתּוֹת, מֻתָּר. וְדַוְקָא בְּשֶׁל כְּפָרִים, כִּדְאָמְרִינָן:

על בית הכנסת ותשמישי הספרים חלה קדושה, וכשם שאסור לעשות בהם שימושים לצורכי חולין, כך אסור לעשות בהם שימושים לצורכי קדושה הפחותה ממנה במעלה, ואסור למכור קדושה חמורה כדי לקנות בכסף

קדושה פחותה, שהכלל הוא: "מעלים בקודש ואין מורידים". משנה זו מונה את רמות הקדושה השונות.

**בְּנֵי הָעִיר שֶׁמָּכְרוּ רְחוֹבָהּ שֶׁל עִיר** - מכרו את הרחוב שבו מתפללים בזמן תעניות ציבור (משנה תענית ב, א), **לוֹקְחִין בְּדָמָיו בֵּית הַכְּנֶסֶת** - בכסף שקיבלו מהמכירה קונים דבר שיש בו קדושה חמורה יותר, כגון בית הכנסת.

וכן הלאה בשאר רמות הקדושה:

אם מכרו **בֵּית הַכְּנֶסֶת - לוֹקְחִין** בכספי המכירה **תֵּבָה** - ארון הקודש שבו מניחים את ספר התורה (ר"ן ז, א), ויש מפרשים שהיא הבימה שעליה מניחים את ספר התורה בשעת הקריאה (ראה בית יוסף סימן קנג).

אם מכרו **תֵּבָה - לוֹקְחִין מִטְפָּחוֹת** - שכורכים בהם את ספר התורה (תוספתא ג, יב).

אם מכרו **מִטְפָּחוֹת - לוֹקְחִין סְפָרִים** - ספרי נביאים או כתובים שנכתבו על קלף (ר"ן ז, א).

אם מכרו **סְפָרִים - לוֹקְחִין** ספר **תּוֹרָה**.

**אֲבָל אִם מָכְרוּ** ספר **תּוֹרָה – לֹא יִקְחוּ** בכספי המכירה **סְפָרִים** – ספרי נביאים וכתובים, כיוון שקדושתם פחותה מקדושת ספר תורה, והכלל הוא שמעלים את רמת הקדושה, ואין מורידים ממנה. וכן הלאה בשאר רמות הקדושה:

אם מכרו **סְפָרִים – לֹא יִקְחוּ מִטְפָּחוֹת,**

אם מכרו **מִטְפָּחוֹת – לֹא יִקְחוּ תֵּבָה,**

אם מכרו **תֵּבָה – לֹא יִקְחוּ בֵּית הַכְּנֶסֶת,**

אם מכרו **בֵּית הַכְּנֶסֶת – לֹא יִקְחוּ אֶת הָרְחוֹב,**

**וְכֵן בְּמוֹתְרֵיהֶן** – גם את הכסף העודף שנותר אחרי שקנו דברים שיש בהם קדושה חמורה יש להקפיד להעלות בקדושה.

**אֵין מוֹכְרִין אֶת** בית הכנסת **שֶׁל רַבִּים לְיָחִיד** – שישמש אדם יחיד, **מִפְּנֵי שֶׁמּוֹרִידִין אוֹתוֹ מִקְּדֻשָּׁתוֹ** – כיוון שבשימוש של יחיד אין אמירת דברים שבקדושה, כגון: קדיש, קדושה וברכו (רש"י כז, ב), **דִּבְרֵי רַבִּי יְהוּדָה.**

חכמים חולקים על רבי יהודה. **אָמְרוּ לוֹ** חכמים: **אִם כֵּן** ששימוש של יחיד נחשב להורדה בקדושה, **אַף לֹא** מוכרים חפצי קדושה **מֵעִיר גְּדוֹלָה לְעִיר קְטַנָּה**, כיוון שיש מצווה בריבוי המתפללים, שנאמר "ברב עם הדרת מלך" (משלי יד, כח), ונמצא שמורידים מן הקדושה, כי מעתה רק מעטים ישתמשו בחפצי הקדושה.

**ב** **אֵין מוֹכְרִין בֵּית הַכְּנֶסֶת, אֶלָּא עַל תְּנַאי, שֶׁאִם יִרְצוּ יַחֲזִירוּהוּ, דִּבְרֵי רַבִּי מֵאִיר.**

**וַחֲכָמִים אוֹמְרִים:**
**מוֹכְרִים אוֹתוֹ מִמְכַּר עוֹלָם, חוּץ מֵאַרְבָּעָה דְּבָרִים - לַמֶּרְחָץ וְלַבֻּרְסְקִי וְלַטְּבִילָה וּלְבֵית הַמַּיִם.**

**רַבִּי יְהוּדָה אוֹמֵר:**
**מוֹכְרִין אוֹתוֹ לְשֵׁם חָצֵר, וְהַלּוֹקֵחַ - מַה שֶּׁיִּרְצֶה יַעֲשֶׂה.**

**רבי עובדיה מברטנורה**

**אֶלָּא עַל תְּנַאי.** וַאֲפִלּוּ מִשֶּׁל רַבִּים לְרַבִּים אָסוּר לִמְכֹּר מְכִירָה חֲלוּטָה, דְּדֶרֶךְ בִּזָּיוֹן הוּא, כְּלוֹמַר: "אֵינוֹ בְּעֵינֵינוּ כְּלוּם". וְאֵין הֲלָכָה כְּרַבִּי מֵאִיר: **מִמְכַּר עוֹלָם.** וַאֲפִלּוּ לְיָחִיד, וַאֲפִלּוּ לְכָל תַּשְׁמִישִׁין, **חוּץ מֵאַרְבָּעָה דְּבָרִים.** דִּלְאוֹתָם אַרְבָּעָה דְּבָרִים לֹא יִמְכֹּר: **בֵּית הַמַּיִם.** לִכְבִיסָה. אִי נָמִי, לְמֵי רַגְלַיִם: **רַבִּי יְהוּדָה אוֹמֵר: מוֹכְרִין אוֹתוֹ לְשֵׁם חָצֵר וכו'.** וְאֵין הֲלָכָה כְּרַבִּי יְהוּדָה:

על ידי המכירה של בית הכנסת פוקעת (בטלה) הקדושה ממנו. במשנתנו נחלקו התנאים באיזו דרך ניתן למכרו ומה מותר לעשות בבית הכנסת לאחר שנמכר.

**אֵין מוֹכְרִין** את **בֵּית הַכְּנֶסֶת** מכירה גמורה, **אֶלָּא** מכירה **עַל תְּנַאי שֶׁאִם יִרְצוּ** המוכרים **יַחֲזִירוּהוּ** להיות שלהם, **דִּבְרֵי רַבִּי מֵאִיר.** טעם תנאי זה הוא שמכירה גמורה יכולה להתפרש כביזיון, שהמוכרים אינם מחשיבים בעיניהם את בית הכנסת (רש"י כז, ב).

**וַחֲכָמִים אוֹמְרִים:** אין צורך במכירה על תנאי, אלא **מוֹכְרִים אוֹתוֹ מִמְכַּר עוֹלָם** - מכירה גמורה בלא הגבלה של תנאים, **חוּץ מֵאַרְבָּעָה דְּבָרִים** שלא יעשו בבית הכנסת, כי נחשבים לביזוי גדול: **לַמֶּרְחָץ וְלַבֻּרְסְקִי** - מקום עיבוד עורות, ויש בו סירחון גדול, **וְלַטְּבִילָה** - מקווה,

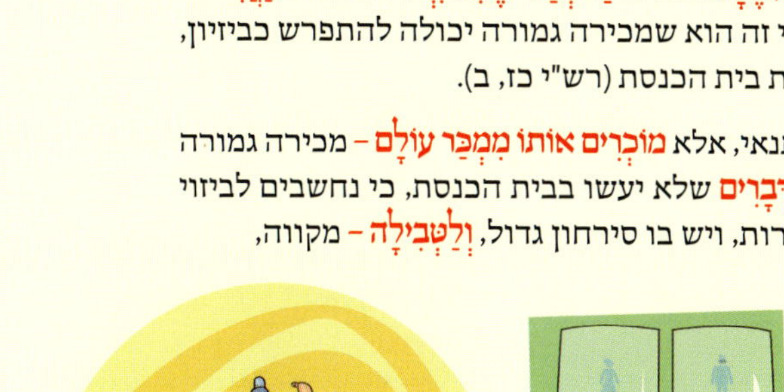

**וּלְבֵית הַמַּיִם** - בית הכיסא, ויש מפרשים שהוא מקום שבו מכבסים בגדים (ראה רש"י כז, ב).

**רַבִּי יְהוּדָה אוֹמֵר: מוֹכְרִין אוֹתוֹ לְשֵׁם חָצֵר** - לצורך שימושים של חצר, שזהו שימוש חול אך אין בו ביזוי גדול, **וְהַלּוֹקֵחַ** - הקונה, **מַה שֶּׁיִּרְצֶה יַעֲשֶׂה** - אפילו אחד מארבעההדברים הנזכרים. לדעת רבי יהודה העיקר הוא שבעת המכירה לא יזכירו שמוכרים את בית הכנסת לשימוש בזוי.

**ג** **וְעוֹד אָמַר רַבִּי יְהוּדָה:**
**בֵּית הַכְּנֶסֶת שֶׁחָרַב - אֵין מַסְפִּידִין בְּתוֹכוֹ,**
**וְאֵין מַפְשִׁילִין בְּתוֹכוֹ חֲבָלִים,**
**וְאֵין פּוֹרְשִׂין לְתוֹכוֹ מְצוּדוֹת,**
**וְאֵין שׁוֹטְחִין עַל גַּגּוֹ פֵּרוֹת,**
**וְאֵין עוֹשִׂין אוֹתוֹ קַפֶּנְדַּרְיָא, שֶׁנֶּאֱמַר (ויקרא כו, לא):**
**"וַהֲשִׁמּוֹתִי אֶת־מִקְדְּשֵׁיכֶם" - קְדֻשָּׁתָן אַף כְּשֶׁהֵן שׁוֹמֵמִין.**

**עָלוּ בוֹ עֲשָׂבִים - לֹא יִתְלֹשׁ, מִפְּנֵי עָגְמַת נֶפֶשׁ.**

### רבי עובדיה מברטנורה

**וְאֵין מַפְשִׁילִין.** גּוֹדְלִים וּפוֹתְלִים. וְהוּא הַדִּין לְכָל שְׁאָר מְלָאכוֹת, אֶלָּא שֶׁהַפְשָׁלַת **חֲבָלִים** צָרִיךְ מָקוֹם רְחַב יָדַיִם, וּבֵית הַכְּנֶסֶת בַּיִת גָּדוֹל הוּא וְרָאוּי לְכָךְ, וְהָוֵי אוֹרְחֵיהּ: **קַפֶּנְדַּרְיָא.** לְקַצֵּר הִלּוּכוֹ דֶּרֶךְ בֵּית הַכְּנֶסֶת. וּלְשׁוֹן קַפַּנְדַּרְיָא: "אַדְּמַקִּיפְנָא דָּרֵי - אֵעוּל בְּהָא" (גמרא מגילה כט, א), כְּלוֹמַר, בְּעוֹד שֶׁאֲנִי צָרִיךְ לְהַקִּיף שׁוּרוֹת בָּתִּים - אֲקַצֵּר מַהֲלָכִי וְאֶכָּנֵס דֶּרֶךְ כָּאן: **מִפְּנֵי עָגְמַת נֶפֶשׁ.** שֶׁיִּזָּכְרוּ יְמֵי בִּנְיָנוֹ וְיִתְּנוּ לֵב לִבְנוֹתוֹ אִם יוּכְלוּ, אוֹ יְבַקְשׁוּ עָלָיו רַחֲמִים שֶׁיַּחֲזֹר. לְפִיכָךְ, אֵין אָסוּר אֶלָּא לְלַקֵּט **עֲשָׂבִים** וּלְהַאֲכִיל לִבְהֵמָה אוֹ לְאַבְּדָם [לְגַמְרֵי], אֲבָל לְלַקֵּט וּלְהַנִּיחָם בִּמְקוֹמָם - מֻתָּר, דְּאִכָּא עָגְמַת נֶפֶשׁ:

בהמשך לדברי רבי יהודה במשנה הקודמת, על הכבוד שיש לנהוג במכירת בית הכנסת, משנה זו מוסיפה בשמו הלכות קדושת בית הכנסת לאחר שחרב.

**וְעוֹד אָמַר רַבִּי יְהוּדָה: בֵּית הַכְּנֶסֶת שֶׁחָרַב** - צריך לשמור על קדושתו למרות חורבנו, ולכן **אֵין מַסְפִּידִין בְּתוֹכוֹ** על מת, **וְאֵין מַפְשִׁילִין**, שוזרים, **בְּתוֹכוֹ חֲבָלִים** - כדי לשזור חבלים יש צורך בשטח רחב כבית הכנסת, ולכן אמר רבי יהודה שאין לעשות כן, **וְאֵין פּוֹרְשִׂין לְתוֹכוֹ מְצוּדוֹת** - כדי לצוד חיות, **וְאֵין שׁוֹטְחִין עַל גַּגּוֹ פֵּרוֹת** כדי לייבש אותם, **וְאֵין עוֹשִׂין אוֹתוֹ קַפֶּנְדַּרְיָא** - לעבור דרכו כדי לקצר את הדרך, וכן אסור לעשות בו שאר מלאכות ומעשי חול, **שֶׁנֶּאֱמַר (ויקרא כו, לא): "וַהֲשִׁמּוֹתִי אֶת־מִקְדְּשֵׁיכֶם" - קְדֻשָּׁתָן** קיימת **אַף כְּשֶׁהֵן שׁוֹמֵמִין.**

אם **עָלוּ בוֹ** בבית הכנסת החרב **עֲשָׂבִים - לֹא יִתְלֹשׁ** אותם מהקרקע, **מִפְּנֵי עָגְמַת נֶפֶשׁ** - כדי שיראו האנשים את מצבו החרב של בית הכנסת, ויצטערו על כך וירצו לבנותו מחדש.

**ד** **רֹאשׁ חֹדֶשׁ אֲדָר שֶׁחָל לִהְיוֹת בַּשַּׁבָּת –**
**קוֹרִין בְּפָרָשַׁת שְׁקָלִים** (שמות ל, יא–טז).
**חָל לִהְיוֹת בְּתוֹךְ הַשַּׁבָּת –**
**מַקְדִּימִין לְשֶׁעָבַר וּמַפְסִיקִין לְשַׁבָּת אַחֶרֶת.**

**בַּשְּׁנִיָּה – "זָכוֹר"** (דברים כה, יז–יט).
**בַּשְּׁלִישִׁית – "פָּרָה אֲדֻמָּה"** (במדבר יט, א–כב).
**בָּרְבִיעִית – "הַחֹדֶשׁ הַזֶּה לָכֶם"** (שמות יב, א–כ).
**בַּחֲמִישִׁית – חוֹזְרִין לִכְסִדְרָן.**

**לַכֹּל מַפְסִיקִין:**
**בְּרָאשֵׁי חֳדָשִׁים, בַּחֲנֻכָּה וּבַפּוּרִים,**
**בַּתַּעֲנִיּוֹת, וּבַמַּעֲמָדוֹת, וּבְיוֹם הַכִּפּוּרִים.**

### רבי עובדיה מברטנורה

**קוֹרִין פָּרָשַׁת שְׁקָלִים.** "כִּי תִשָּׂא" (שמות ל, יא–טז), לְהוֹדִיעַ שֶׁיָּבִיאוּ שִׁקְלֵיהֶם בַּאֲדָר, כְּדֵי שֶׁיַּקְרִיבוּ בְּאֶחָד בְּנִיסָן מִתְּרוּמָה חֲדָשָׁה: **מַקְדִּימִין לְשֶׁעָבַר.** קוֹרִין פָּרָשַׁת שְׁקָלִים בַּשַּׁבָּת שֶׁלִּפְנֵי רֹאשׁ חֹדֶשׁ. וַאֲפִלּוּ חָל רֹאשׁ חֹדֶשׁ אֲדָר בְּעֶרֶב שַׁבָּת – מַקְדִּימִין לַשַּׁבָּת שֶׁעָבְרָה: **וּמַפְסִיקִין בְּשַׁבָּת הַבָּאָה.** מִלּוֹמַר פָּרָשָׁה שְׁנִיָּה, כְּדֵי שֶׁתִּקָּרֵא פָּרָשַׁת זָכוֹר בַּשַּׁבָּת הַסְּמוּכָה לְפוּרִים, לִסְמֹךְ מְחִיַּת עֲמָלֵק לִמְחִיַּת הָמָן: **בַּשְּׁלִישִׁית – "פָּרָה אֲדֻמָּה".** לְהַזְהִיר אֶת יִשְׂרָאֵל לְטַהֵר עַצְמָם כְּדֵי שֶׁיַּעֲשׂוּ פִּסְחֵיהֶם בְּטָהֳרָה. וְאֵיזוֹ הִיא שַׁבָּת שְׁלִישִׁית? כָּל שֶׁסְּמוּכָה לְפוּרִים מֵאַחֲרֶיהָ. וּכְשֶׁחָל רֹאשׁ חֹדֶשׁ נִיסָן לִהְיוֹת בְּשַׁבָּת – הָוְיָא לָהּ שַׁבָּת שְׁלִישִׁית שַׁבָּת הַסְּמוּכָה לְרֹאשׁ חֹדֶשׁ נִיסָן, כְּדֵי לִסְמֹךְ אַזְהָרַת טָהֳרַת טְמֵאֵי מֵתִים לִפְסָחִים: **בָּרְבִיעִית – "הַחֹדֶשׁ הַזֶּה"** (שמות יב, א–כ). שֶׁשָּׁם פָּרָשַׁת הַפֶּסַח: **לִכְסִדְרָן.** לְסֵדֶר הַהַפְטָרוֹת, שֶׁעַד הֵנָּה מַפְטִירִין מֵעֵין אַרְבַּע פָּרָשִׁיּוֹת. פָּרָשַׁת שְׁקָלִים: "בֶּן שֶׁבַע שָׁנִים" (מלכים ב יב, א). פָּרָשַׁת זָכוֹר – "פָּקַדְתִּי אֵת אֲשֶׁר עָשָׂה לְךָ עֲמָלֵק" (שמואל א טו, ב). פָּרָשַׁת פָּרָה – "וְזָרַקְתִּי עֲלֵיכֶם מַיִם טְהוֹרִים" (יחזקאל לו, טז). פָּרָשַׁת הַחֹדֶשׁ – "בָּרִאשׁוֹן בְּאֶחָד לַחֹדֶשׁ" (יחזקאל מה, יח). מִכָּאן וָאֵילָךְ – חוֹזֵר לְהַפְטִיר מֵעֵין פָּרָשַׁת הַיּוֹם: **לַכֹּל מַפְסִיקִין.** שֶׁאֵין מַפְטִירִין מֵעֵין הַפָּרָשָׁה אֶלָּא מֵעֵין הַמְּאֹרָע:

משנה זו והבאות אחריה מבארות אלו פרשיות תיקנו חכמים שיקראו בקריאת התורה של המועדים, ובכלל אלו הן ארבע הפרשיות של חודש אדר: "שקלים" - להזכיר לעם להביא מחצית השקל לצורך קניית קרבנות ציבור (משנה שקלים א, א), "זכור" - לקיים מצוות זכירת מעשה עמלק, לפני ימי הפורים, שבהם המן, שהיה מזרע עמלק, ניסה להשמידנו, "פרה" - להזכיר לעם

לטהר את עצמם מטומאת מת לפני חודש ניסן וחג הפסח, "החודש" - פרשה הכוללת בתוכה את מצוות קרבן הפסח, אכילת מצה ואיסור אכילת חמץ.

**רֹאשׁ חֹדֶשׁ אֲדָר שֶׁחָל לִהְיוֹת בַּשַּׁבָּת - קוֹרִין** בתורה למפטיר **בְּפָרָשַׁת שְׁקָלִים.**

ואם ראש חודש אדר **חָל לִהְיוֹת בְּתוֹךְ הַשַּׁבָּת** - באמצע השבוע, **מַקְדִּימִין** את פרשת שקלים **לְשֶׁעָבַר** לשבת הקודמת, שלפני ראש חודש אדר, **וּמַפְסִיקִין לְשַׁבָּת אַחֶרֶת** - ובשבת שאחרי ראש חודש אדר עושים הפסקה מקריאת ארבע הפרשיות, וקוראים מפטיר השייך לפרשת השבוע.

**בַּשְּׁנִיָּה** - שהיא השבת שלפני פורים, קוראים למפטיר בפרשת "**זָכוֹר** אֵת אֲשֶׁר עָשָׂה לְךָ עֲמָלֵק", פרשה העוסקת במצוות זכירת מעשה עמלק ומחיית זכרו.

**בַּשְּׁלִישִׁית** קוראים **"פָרָה אֲדֻמָּה"** - פרשה העוסקת בתהליך הטהרה מטומאת מת, על ידי אפר פרה אדומה.

**בָּרְבִיעִית** קוראים **"הַחֹדֶשׁ הַזֶּה לָכֶם"** - פרשה העוסקת במצוות הפסח.

**בַּחֲמִישִׁית חוֹזְרִין לִכְסִדְרָן** - מפטיר מפרשת השבוע, כפי הסדר של כל השנה.

**לַכֹּל מַפְסִיקִין** - במועדים אלו פוסקים מקריאת התורה כסדר הפרשות ומקריאת המפטיר וההפטרה של סדר פרשת השבוע, וקוראים מפטיר והפטרה מעניינו של יום: **בְּרָאשֵׁי חֳדָשִׁים, בַּחֲנֻכָּה וּבַפּוּרִים.**

**מַפְסִיקִין... בַּתַּעֲנִיּוֹת** - התעניות אינן בשבת, שהרי אין מתענים בשבת, וההפסקה האמורה בהן היא מהסדר הרגיל של קריאת התורה בימי שני וחמישי.

**וּבַמַּעֲמָדוֹת** - נביאים ראשונים תיקנו שבזמן שהכוהנים מקריבים קרבנות, והלוויים עומדים על הדוכן ושרים, יהיו קבוצה מישראל שבכל יום יתפללו שיתקבלו הקרבנות ברצון. שליחים אלו התחלקו ל-24 "מעמדות", ובכל שבוע התכנסו אנשי "מעמד" אחר בעריהם והתענו, ובתפילתם קראו בתורה במעשה בראשית (ראה להלן משנה ו, ותענית ד, ב-ג). משנתנו מלמדת שלאנשי ה"מעמדות", קריאת מעשה בראשית הפסיקה את סדר הקריאה מפרשת השבוע.

**וּבְיוֹם הַכִּפּוּרִים** שחל בשבת, מפסיקים את סדר קריאת התורה, וקוראים מעניינו של יום, כמבואר במשנה הבאה.

**ה** **בְּפֶסַח קוֹרִין בְּפָרָשַׁת מוֹעֲדוֹת שֶׁל תּוֹרַת כֹּהֲנִים.**
**בַּעֲצֶרֶת – "שִׁבְעָה שָׁבֻעֹת"** (דברים טז, ט).
**בְּרֹאשׁ הַשָּׁנָה – "בַּחֹדֶשׁ הַשְּׁבִיעִי בְּאֶחָד לַחֹדֶשׁ"** (ויקרא כג, כג).
**בְּיוֹם הַכִּפּוּרִים – "אַחֲרֵי מוֹת"** (ויקרא טז).
**בְּיוֹם טוֹב הָרִאשׁוֹן שֶׁל הֶחָג – קוֹרִין בְּפָרָשַׁת מוֹעֲדוֹת שֶׁבְּתוֹרַת כֹּהֲנִים** (ויקרא כג).
**וּבִשְׁאָר כָּל יְמוֹת הֶחָג – בְּקָרְבְּנוֹת הֶחָג** (במדבר כט, יז).

### רבי עובדיה מברטנורה

**בְּפָרָשַׁת מוֹעֲדוֹת שֶׁבְּתוֹרַת כֹּהֲנִים.** "שׁוֹר אוֹ כֶשֶׂב אוֹ עֵז" (ויקרא כב, כו), וּבְיוֹמָא קַמָּא מִיְּרֵי. וְהָאִידָנָא נְהוּג עָלְמָא שֶׁקּוֹרִין בְּיוֹם רִאשׁוֹן: "מִשְׁכוּ וּקְחוּ לָכֶם" (שמות יב, כא), וּמַפְטִירִין בְּפֶסַח גִּלְגָּל (יהושע ה). בַּשֵּׁנִי – "שׁוֹר אוֹ כֶשֶׂב", וּמַפְטִירִין [בחוץ לארץ] בְּפֶסַח יֹאשִׁיָּהוּ (מלכים ב כב). בַּשְּׁלִישִׁי – "קַדֶּשׁ לִי כָל בְּכוֹר" (שמות יג, א). בָּרְבִיעִי – "אִם כֶּסֶף תַּלְוֶה" (שמות כב, כד). בַּחֲמִישִׁי – "פְּסָל לְךָ" (שמות לד, א). בַּשִּׁשִּׁי – "וְיַעֲשׂוּ בְנֵי יִשְׂרָאֵל אֶת הַפָּסַח בְּמוֹעֲדוֹ" (במדבר ט, א). בַּשְּׁבִיעִי – שִׁירַת הַיָּם (שמות יג, יז), וּמַפְטִירִין: "וַיְדַבֵּר דָּוִד" (שמואל ב כב). בַּשְּׁמִינִי, שֶׁהוּא יוֹם טוֹב אַחֲרוֹן שֶׁל גָּלֻיּוֹת – קוֹרִין: "כָּל הַבְּכוֹר" (דברים טו, יט), וּמַפְטִירִין: "עוֹד הַיּוֹם בְּנֹב לַעֲמֹד" (ישעיה י, לב).

**בַּעֲצֶרֶת** – בְּיוֹם טוֹב רִאשׁוֹן – "בַּחֹדֶשׁ הַשְּׁלִישִׁי" (שמות יט, א), וּמַפְטִירִין בַּמֶּרְכָּבָה שֶׁל יְחֶזְקֵאל (יחזקאל א). בְּיוֹם טוֹב שֵׁנִי שֶׁל גָּלֻיּוֹת – קוֹרִין "כָּל הַבְּכוֹר" (דברים טו, יט), וּמַפְטִירִין בַּחֲבַקּוּק (חבקוק ג).

**בְּרֹאשׁ הַשָּׁנָה** – "וַה' פָּקַד אֶת שָׂרָה" (בראשית כא, א), דִּבְרֹאשׁ הַשָּׁנָה נִפְקְדָה שָׂרָה, וּמַפְטִירִין בְּחַנָּה (שמואל א א), שֶׁגַּם הִיא נִפְקְדָה בְּרֹאשׁ הַשָּׁנָה. בְּיוֹם טוֹב שֵׁנִי – בַּעֲקֵדָה (בראשית כב, א), וּמַפְטִירִין: "הֲבֵן יַקִּיר לִי אֶפְרַיִם" (ירמיה לא).

**בְּיוֹם הַכִּפּוּרִים** שַׁחֲרִית קוֹרִין בְּ"אַחֲרֵי מוֹת" (ויקרא טז), וּמַפְטִירִין: "כֹּה אָמַר רָם וְנִשָּׂא" (ישעיה נז). בְּמִנְחָה קוֹרִין בַּעֲרָיוֹת (ויקרא יח, א), וּמַפְטִירִין בְּיוֹנָה.
בִּשְׁנֵי יָמִים טוֹבִים **שֶׁל חָג** קוֹרִין: "שׁוֹר אוֹ כֶשֶׂב אוֹ עֵז" (ויקרא כב, כו), מַפְטִירִין **בְּיוֹם טוֹב רִאשׁוֹן**: "הִנֵּה יוֹם בָּא לַה'" (זכריה יד). וּבְיוֹם טוֹב שֵׁנִי: "וַיִּקָּהֲלוּ אֶל הַמֶּלֶךְ" (מלכים א ז).

**וּשְׁאָר כָּל יְמוֹת הֶחָג** – קוֹרִין **בְּקָרְבְּנוֹת הֶחָג.** כֵּיצַד [הדין בחוץ לארץ]? יוֹם שְׁלִישִׁי, שֶׁהוּא יוֹם רִאשׁוֹן שֶׁל חֹל הַמּוֹעֵד, כֹּהֵן קוֹרֵא: "וּבַיּוֹם הַשֵּׁנִי" (במדבר כט, יז–יט), לֵוִי קוֹרֵא: "וּבַיּוֹם הַשְּׁלִישִׁי" (שם, כ–כב), יִשְׂרָאֵל קוֹרֵא: "וּבַיּוֹם הָרְבִיעִי" (שם, כג–כה), וְהָרְבִיעִי חוֹזֵר וְקוֹרֵא: "וּבַיּוֹם הַשֵּׁנִי... וּבַיּוֹם הַשְּׁלִישִׁי". וּבְיוֹם הָרְבִיעִי, כֹּהֵן קוֹרֵא: "וּבַיּוֹם הַשְּׁלִישִׁי", לֵוִי קוֹרֵא: "וּבַיּוֹם הָרְבִיעִי", יִשְׂרָאֵל קוֹרֵא: "וּבַיּוֹם הַחֲמִישִׁי" (שם, כו–כח), וְהָרְבִיעִי חוֹזֵר וְקוֹרֵא: "וּבַיּוֹם הַשְּׁלִישִׁי... וּבַיּוֹם הָרְבִיעִי". וְכֵן כֻּלָּם. בְּיוֹם טוֹב אַחֲרוֹן שֶׁל חָג: "כָּל הַבְּכוֹר" (דברים טו, יט), וּמַפְטִירִין: "וַיְהִי כְּכַלּוֹת שְׁלֹמֹה" (מלכים א ח). וּלְמָחָר קוֹרִין: "וְזֹאת הַבְּרָכָה" (דברים לג, א), וּמַפְטִירִין: "וַיְהִי אַחֲרֵי מוֹת מֹשֶׁה" (יהושע א).

וְשַׁבָּת שֶׁחָל לִהְיוֹת בְּחֻלּוֹ שֶׁל מוֹעֵד, בֵּין בְּפֶסַח בֵּין בְּסֻכּוֹת, קוֹרִין: "רְאֵה אַתָּה אוֹמֵר אֵלַי" (שמות לג, א), וּמַפְטִירִין, בְּפֶסַח: "הָעֲצָמוֹת הַיְבֵשׁוֹת" (יחזקאל לז), וּבְסֻכּוֹת: "בְּיוֹם בֹּא גוֹג" (יחזקאל לח), שֶׁמָּסֹרֶת בְּיָדֵינוּ דִּתְחִיַּת הַמֵּתִים עֲתִידָה לִהְיוֹת בְּפֶסַח וּמִלְחֶמֶת גּוֹג וּמָגוֹג בְּסֻכּוֹת:

משנה זו והבאה אחריה מפרטות את הפרשיות שקוראים בכל מועד לפי עניינו של יום.

**בַּפֶּסַח קוֹרִין בְּפָרָשַׁת מוֹעֲדוֹת שֶׁל תּוֹרַת כֹּהֲנִים** בספר ויקרא (בפרקים כב-כג), העוסקת בפירוט מועדי השנה.

**בָּעֲצֶרֶת** בחג השבועות קוראים **"שִׁבְעָה שָׁבֻעֹת תִּסְפָּר לָךְ...** וְעָשִׂיתָ חַג שָׁבֻעוֹת לַה'".

**בְּרֹאשׁ הַשָּׁנָה** קוראים **"בַּחֹדֶשׁ הַשְּׁבִיעִי בְּאֶחָד לַחֹדֶשׁ".**

בימינו נוהגים לקרוא פרשיות אחרות, כפי שמבואר בגמרא (לא, א, וראה ברטנורה).

**בְּיוֹם הַכִּפּוּרִים** קוראים **"אַחֲרֵי מוֹת"** - פרשה המפרטת את סדר עבודת יום הכפורים.

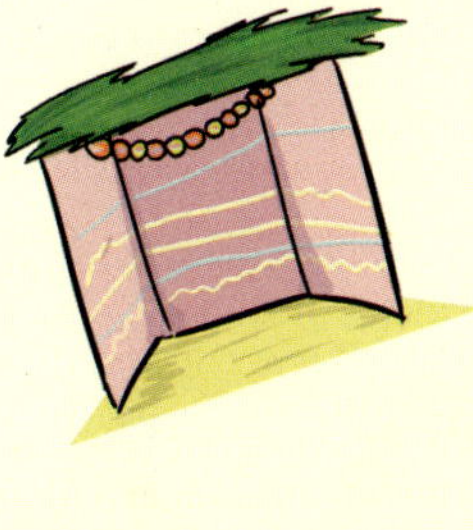

**בְּיוֹם טוֹב הָרִאשׁוֹן שֶׁל הֶחָג** - בחג הסוכות, **קוֹרִין בְּפָרָשַׁת מוֹעֲדוֹת שֶׁבְּתוֹרַת כֹּהֲנִים.**

**וּבִשְׁאָר כָּל יְמוֹת הֶחָג** קוראים **בְּקָרְבְּנוֹת הֶחָג.**

**ו** **בַּחֲנֻכָּה - בַּנְּשִׂיאִים** (במדבר ז, א-פט).

**בְּפוּרִים - "וַיָּבֹא עֲמָלֵק"** (שמות יז, ח-טז).

**בְּרָאשֵׁי חֳדָשִׁים - "וּבְרָאשֵׁי חָדְשֵׁיכֶם"** (במדבר כח, יא-טו).

**בַּמַּעֲמָדוֹת - בְּמַעֲשֵׂה בְרֵאשִׁית** (בראשית א, א-ב, ג).

**בַּתַּעֲנִיּוֹת - בְּרָכוֹת וּקְלָלוֹת** (ויקרא כו, ג-מו).

**אֵין מַפְסִיקִין בַּקְּלָלוֹת, אֶלָּא אֶחָד קוֹרֵא אֶת כֻּלָּן.**

**בַּשֵּׁנִי וּבַחֲמִישִׁי וּבַשַּׁבָּת בַּמִּנְחָה קוֹרִין כְּסִדְרָן, וְאֵין עוֹלִין לָהֶם מִן הַחֶשְׁבּוֹן.**

**שֶׁנֶּאֱמַר** (ויקרא כג, מד):
**"וַיְדַבֵּר מֹשֶׁה אֶת מֹעֲדֵי ה' אֶל בְּנֵי יִשְׂרָאֵל" -**
**מִצְוָתָן שֶׁיְּהוּ קוֹרִין כָּל אֶחָד וְאֶחָד בִּזְמַנּוֹ.**

### רבי עובדיה מברטנורה

**בַּמַּעֲמָדוֹת - בְּמַעֲשֵׂה בְרֵאשִׁית.** שֶׁבִּשְׁבִיל הַקָּרְבָּנוֹת נִתְקַיְּמוּ שָׁמַיִם וָאָרֶץ. וְסֵדֶר קְרִיאָתָן מְפֹרָשׁ בְּמַסֶּכֶת תַּעֲנִית בְּפֶרֶק אַחֲרוֹן: **בְּרָכוֹת וּקְלָלוֹת.** "אִם בְּחֻקֹּתַי" (ויקרא כו, ג), לְהוֹדִיעַ שֶׁעַל עִסְקֵי הַחֵטְא בָּאָה פֻּרְעָנוּת לָעוֹלָם, וְיַחְזְרוּ בִּתְשׁוּבָה וְיִנָּצְלוּ מִצָּרָתָם: כְּסִדְרָן. בְּסֵדֶר פָּרָשַׁת הַיּוֹם: **וְאֵין עוֹלִין לָהֶם מִן הַחֶשְׁבּוֹן.** כְּשֶׁיַּגִּיעַ יוֹם שַׁבָּת - יַחְזְרוּ וְיִקְרְאוּ מַה שֶּׁקָּרְאוּ בְּשֵׁנִי וּבַחֲמִישִׁי וּבְשַׁבָּת בְּמִנְחָה: **שֶׁנֶּאֱמַר: "וַיְדַבֵּר מֹשֶׁה".** אַכֻּלָּהּ מַתְנִיתִין קָאֵי, לְלַמֵּד מִכָּאן שֶׁמִּצְוָה לִקְרוֹת בְּכָל הַמּוֹעֵד מֵעִנְיַן הַמּוֹעֵד:

**בַּחֲנֻכָּה** קוראים **בַּנְּשִׂיאִים** - פרשת קרבנות נשיאי השבטים שהקריבו לכבוד חנוכת המזבח, ונקראת בימי החנוכה, כיוון שכשנכנסו החשמונאים לבית המקדש הם חנכו את המזבח המחולל (ספר מקבים א, ד).

**בַּפּוּרִים** קוראים **"וַיָּבֹא עֲמָלֵק"** – פרשה המתארת את מלחמת עמלק ואת הבטחת ה' למחיית זרעו.

**בְּרָאשֵׁי חֳדָשִׁים** קוראים **"וּבְרָאשֵׁי חָדְשֵׁיכֶם"** – פרשת קרבן התמיד ומוספי ראש חודש.

**בַּמַּעֲמָדוֹת** קוראים **בְּמַעֲשֵׂה בְרֵאשִׁית** – קריאה זו נתקנה לאנשי המעמדות (ראה לעיל משנה ד), כיוון שבזכות עבודת הקרבנות מתקיימים שמים וארץ והבריאה כולה (גמרא לא, ב).

**בַּתַּעֲנִיּוֹת** שגזרו חכמים מפני הצרות, קוראים **בְּרָכוֹת וּקְלָלוֹת** – על ידי קריאה זו יזכור העם שהברכות והקללות תלויות במעשינו והצרות באות לנו בגלל החטאים, ואם נחזור בתשובה נינצל מצרותינו (ברטנורה).

**אֵין מַפְסִיקִין** באמצע כשקוראים **בַּקְּלָלוֹת, אֶלָּא** אדם **אֶחָד קוֹרֵא אֶת כֻּלָּן** ברצף.
הסיבה לכך היא שאם מפסיקים בקללות, זה נראה כמאיסה במוסר שה' מלמד אותנו, ונאמר "מוסר ה', בני אל תמאס" (משלי ג, יא, ראה גמרא לא, ב).

**בַּשֵּׁנִי וּבַחֲמִישִׁי וּבַשַּׁבָּת בַּמִּנְחָה קוֹרִין** מתוך פרשת השבוע הקבועה לשבת הבאה, **כְּסִדְרָן** ולא מפסיקים את הסדר, **וְאֵין עוֹלִין לָהֶם מִן הַחֶשְׁבּוֹן** – בשבת הבאה צריכים לקרוא את הפרשה מתחילתה, ולא ממשיכים מהמקום שסיימו בו בקריאה שביום שני, חמישי ובמנחה של שבת.

המצווה לקרוא בכל מועד פסוקים העוסקים בענייני היום נלמדת ממה **שֶׁנֶּאֱמַר "וַיְדַבֵּר מֹשֶׁה אֶת מֹעֲדֵי ה' אֶל בְּנֵי יִשְׂרָאֵל"** – הרי שמשה לימד את בני ישראל בכל מועד את מצוותיו וענייניו, וכך היא **מִצְוָתָן** של המועדים, **שֶׁיְּהוּ קוֹרִין כָּל אֶחָד וְאֶחָד** מהם **בִּזְמַנּוֹ**.

# פרק רביעי

פרק זה עוסק בדיני קריאת התורה, ופותח בקריאת מגילת אסתר בפורים, כיוון שהיא העיקר במסכת זו. הדינים כוללים את ברכות הקריאה, מספר העולים, ההפטרה, כמה פסוקים קוראים ובאיזה אופן, ותרגום הקריאה לעם.

משנה ג מונה דברים הנעשים רק כאשר נמצאים עשרה אנשים, ונוסף לכך, הפרק כולל דיון בדיני ברכת כוהנים, תפילה ותפילין.

# א

**הַקּוֹרֵא אֶת הַמְּגִלָּה - עוֹמֵד וְיוֹשֵׁב.**

**קְרָאָהּ אֶחָד, קְרָאוּהָ שְׁנַיִם - יָצְאוּ.**

**מָקוֹם שֶׁנָּהֲגוּ לְבָרֵךְ - יְבָרֵךְ,**
**וְשֶׁלֹּא לְבָרֵךְ - לֹא יְבָרֵךְ.**

**בְּשֵׁנִי וּבַחֲמִישִׁי וּבַשַּׁבָּת בַּמִּנְחָה קוֹרִין שְׁלֹשָׁה,**
**אֵין פּוֹחֲתִין וְאֵין מוֹסִיפִין עֲלֵיהֶן, וְאֵין מַפְטִירִין בַּנָּבִיא.**

**הַפּוֹתֵחַ וְהַחוֹתֵם בַּתּוֹרָה - מְבָרֵךְ לְפָנֶיהָ וּלְאַחֲרֶיהָ.**

### רבי עובדיה מברטנורה

**הַקּוֹרֵא אֶת הַמְּגִלָּה - עוֹמֵד וְיוֹשֵׁב.** רָצָה - **עוֹמֵד,** רָצָה - **יוֹשֵׁב: קְרָאוּהָ שְׁנַיִם.** בְּיַחַד - **יָצְאוּ.** וְלָא אָמְרִינָן: "שְׁנֵי קוֹלוֹת אֵין נִשְׁמָעִין כְּאֶחָד", דְּכֵיוָן דַּחֲבִיבָא לְהוּ - יָהֲבֵי דַּעְתַּיְהוּ: **מְקוֹם שֶׁנָּהֲגוּ לְבָרֵךְ.** אַחֲרֶיהָ - **יְבָרֵךְ.** אֲבָל לְפָנֶיהָ - חַיָּב לְבָרֵךְ בְּכָל מָקוֹם שָׁלֹשׁ בְּרָכוֹת, "עַל מִקְרָא מְגִלָּה", וְ"שֶׁעָשָׂה נִסִּים", וְ"שֶׁהֶחֱיָנוּ", בֵּין בַּלַּיְלָה בֵּין בַּיּוֹם. דִּקְרִיאָה שֶׁל יוֹם עִקָּר, דִּכְתִיב (אסתר ט, כח): "וְהַיָּמִים הָאֵלֶּה נִזְכָּרִים וְנַעֲשִׂים". וְאִכָּא לְמַאן דַּאֲמַר דְּכֵיוָן שֶׁבֵּרֵךְ "שֶׁהֶחֱיָנוּ" בַּלַּיְלָה - לֹא יְבָרֵךְ בַּיּוֹם "שֶׁהֶחֱיָנוּ", וְהָכִי מִסְתַּבְּרָא: **וְאֵין מוֹסִיפִין עֲלֵיהֶן.** שֶׁלֹּא יִקְשֶׁה לַצִּבּוּר, מִפְּנֵי שֶׁהֵן יְמֵי מְלָאכָה. וְשַׁבָּת בְּמִנְחָה נָמִי סָמוּךְ לַחֲשֵׁכָה הוּא, שֶׁהֲרֵי כָּל הַיּוֹם הָיוּ רְגִילִים לִדְרֹשׁ. וּמֵהַאי טַעְמָא נָמִי אֵין מַפְטִירִין: **הַפּוֹתֵחַ וְהַחוֹתֵם בַּתּוֹרָה - מְבָרֵךְ לְפָנֶיהָ וּלְאַחֲרֶיהָ.** הַמַּתְחִיל לִקְרוֹת בַּתּוֹרָה רִאשׁוֹן - **מְבָרֵךְ לְפָנֶיהָ.** וְהָאַחֲרוֹן, הַחוֹתֵם שֶׁהוּא הַמַּשְׁלִים - **מְבָרֵךְ לְאַחֲרֶיהָ.** וְכָל שְׁאָר הַקּוֹרִין בַּתּוֹרָה - אֵין מְבָרְכִין לֹא לְפָנֶיהָ וְלֹא לְאַחֲרֶיהָ. וְהָאִידָּנָא נְהִיגִי עָלְמָא דְּכֻלְּהוּ מְבָרְכִין לְפָנֶיהָ וּלְאַחֲרֶיהָ, גְּזֵרָה מִשּׁוּם הַנִּכְנָסִים וְלֹא שָׁמְעוּ הָרִאשׁוֹן שֶׁבֵּרֵךְ לְפָנֶיהָ וְיֹאמְרוּ: "אֵין בְּרָכָה בַּתּוֹרָה לְפָנֶיהָ". וּמִשּׁוּם הַיּוֹצְאִים וְלֹא יִשְׁמְעוּ הַחוֹתֵם מְבָרֵךְ לְאַחֲרֶיהָ וְהָרִאשׁוֹנִים לֹא בֵּרְכוּ וְיֹאמְרוּ: "אֵין בְּרָכָה בַּתּוֹרָה לְאַחֲרֶיהָ":

משנה זו פותחת בדיני קריאת מגילת אסתר בפורים, ואגב אלו עוסקת בדיני קריאת התורה.

**הַקּוֹרֵא אֶת הַמְּגִלָּה** בפורים - יכול לקרוא באיזה מצב שרוצה: **עוֹמֵד וְיוֹשֵׁב.**

**קְרָאָהּ אֶחָד,** ואף אם **קְרָאוּהָ שְׁנַיִם** ביחד - **יָצְאוּ,** אף שקשה לשמוע שני קולות שונים באותו זמן.

הברכה שאחר קריאת המגילה אינה חובה, אלא תלויה במנהג המקומות, ולכן **מָקוֹם שֶׁנָּהֲגוּ לְבָרֵךְ** אחר קריאת המגילה - **יְבָרֵךְ, וְשֶׁלֹּא לְבָרֵךְ - לֹא יְבָרֵךְ.** אבל ברכת המצוות שלפני קריאת המגילה היא חובה, ומברכים שלוש ברכות: "על מקרא מגילה", "שעשה נסים" ו"שהחיינו".

משה תיקן קריאת התורה בציבור בימים שני וחמישי, ועזרא הסופר הוסיף תקנה לקרוא בתפילת מנחה של שבת (רמב"ם הלכות תפילה יב, א). לפי המשנה, העולים קוראים בעצמם את הקריאה בציבור ובקול רם, ולכן נקראים 'קורין'. היום נוהגים ברוב המקומות שאדם אחד הוא ה'בעל-קורא' והעולים קוראים עמו בלחש.

**בַּשֵּׁנִי וּבַחֲמִישִׁי וּבַשַּׁבָּת בַּמִּנְחָה קוֹרִין** בקריאת התורה, **שְׁלֹשָׁה** עולים כנגד תורה נביאים וכתובים, **אֵין פּוֹחֲתִין** משלושה **וְאֵין מוֹסִיפִין עֲלֵיהֶן**. בגמרא (כא, ב; כג, א) אמרו עוד טעמים למספר שלוש, וכן למספר העולים בשאר המועדים שבמשנה הבאה.

**וְאֵין מַפְטִירִין בַּנָּבִיא** – הסיבה שאין להוסיף עולים ושאין מפטירים בנביא היא כדי שלא להטריח את הציבור.

**הַפּוֹתֵחַ** – העולה הראשון, **וְהַחוֹתֵם בַּתּוֹרָה** – העולה האחרון, **מְבָרֵךְ לְפָנֶיהָ וּלְאַחֲרֶיהָ** – כל אחד ברכה אחת, הראשון מברך לפניה בלבד: "אשר בחר בנו", והאחרון מברך ברכה אחרונה בלבד: "אשר נתן לנו".

היום אנו נוהגים שכל אחד מהעולים מברך שתי ברכות: לפני הקריאה ולאחריה, כפי שתיקנו חכמי הגמרא (כא, ב).

**ב** **בְּרָאשֵׁי חֳדָשִׁים וּבְחֻלּוֹ שֶׁל מוֹעֵד קוֹרִין אַרְבָּעָה,**
**אֵין פּוֹחֲתִין מֵהֶן וְאֵין מוֹסִיפִין עֲלֵיהֶן, וְאֵין מַפְטִירִין בַּנָּבִיא.**

**הַפּוֹתֵחַ וְהַחוֹתֵם בַּתּוֹרָה - מְבָרֵךְ לְפָנֶיהָ וּלְאַחֲרֶיהָ.**

**זֶה הַכְּלָל:**
**כָּל שֶׁיֵּשׁ בּוֹ מוּסָף וְאֵינוֹ יוֹם טוֹב - קוֹרִין אַרְבָּעָה.**
**בְּיוֹם טוֹב - חֲמִשָּׁה.**
**בְּיוֹם הַכִּפּוּרִים - שִׁשָּׁה.**
**בַּשַּׁבָּת - שִׁבְעָה.**
**אֵין פּוֹחֲתִין מֵהֶן, אֲבָל מוֹסִיפִין עֲלֵיהֶן, וּמַפְטִירִין בַּנָּבִיא.**

**הַפּוֹתֵחַ וְהַחוֹתֵם בַּתּוֹרָה - מְבָרֵךְ לְפָנֶיהָ וּלְאַחֲרֶיהָ.**

### רבי עובדיה מברטנורה

**וְאֵין מוֹסִיפִין עֲלֵיהֶן.** דִּבְרָאשֵׁי חֳדָשִׁים וּבְחֻלּוֹ שֶׁל מוֹעֵד נָמֵי אִכָּא בִּטּוּל מְלָאכָה, דִּמְלֶאכֶת דָּבָר הָאָבֵד מֻתֶּרֶת: **בְּיוֹם טוֹב - חֲמִשָּׁה.** דְּכָל דְּטָפֵי לֵיהּ מִלְּתָא מֵחַבְרֵיהּ - טָפֵי לֵיהּ גַּבְרָא. הִלְכָּךְ בְּרָאשֵׁי חֳדָשִׁים וּבַמּוֹעֵד, דְּאִכָּא קָרְבַּן **מוּסָף - קוֹרִין אַרְבָּעָה. יוֹם טוֹב,** דְּאִכָּא בִּטּוּל מְלָאכָה - קוֹרִין **חֲמִשָּׁה.** **וְיוֹם הַכִּפּוּרִים,** דְּעָנוּשׁ כָּרֵת - קוֹרִין **שִׁשָּׁה. שַׁבָּת,** דְּחִיּוּב סְקִילָה - קוֹרִין **שִׁבְעָה:**

**בְּרָאשֵׁי חֳדָשִׁים וּבְחֻלּוֹ שֶׁל מוֹעֵד קוֹרִין אַרְבָּעָה** עולים לתורה.

**אֵין פּוֹחֲתִין מֵהֶן וְאֵין מוֹסִיפִין עֲלֵיהֶן, וְאֵין מַפְטִירִין בַּנָּבִיא.**

**הַפּוֹתֵחַ וְהַחוֹתֵם בַּתּוֹרָה - מְבָרֵךְ לְפָנֶיהָ וּלְאַחֲרֶיהָ.**

**זֶה הַכְּלָל: כָּל** יום **שֶׁיֵּשׁ בּוֹ** תפילת **מוּסָף וְאֵינוֹ יוֹם טוֹב,** כגון ראש חודש וחול המועד - **קוֹרִין אַרְבָּעָה.** יום שיש בו מוסף הוא חשוב יותר מימות החול, ולכן הוסיפו על מנין העולים לקרוא בתורה.

**בְּיוֹם טוֹב חֲמִשָּׁה** - יום טוב עדיף מחול המועד, כיוון שאסורה בו מלאכה, מלבד צורכי אוכל נפש (ראה לעיל א, ה).

**בְּיוֹם הַכִּפּוּרִים שִׁשָּׁה** – יום הכיפורים עדיף מיום טוב, כיוון שהעושה בו מלאכה חייב כרת, וביום טוב חייב מלקות בלבד.

**בַּשַּׁבָּת שִׁבְעָה** – יום השבת עדיף על קודמיו, כיוון שהעושה בו מלאכה חייב עונש סקילה (ראה לעיל א, ה).

**אֵין פּוֹחֲתִין מֵהֶן** – ממספר העולים, **אֲבָל מוֹסִיפִין עֲלֵיהֶן** עולים נוספים, אם רוצים. **וּמַפְטִירִין** אחרי קריאת התורה **בַּנָּבִיא** – בימים אלו לא חששו חכמים לטרחת הציבור, כיוון שאינם ימי מלאכה.

**הַפּוֹתֵחַ וְהַחוֹתֵם בַּתּוֹרָה – מְבָרֵךְ לְפָנֶיהָ וּלְאַחֲרֶיהָ** והעולים האמצעיים אינם מברכים, וראה לעיל במשנה הקודמת.

**ג** **אֵין פּוֹרְסִין עַל "שְׁמַע",**
**וְאֵין עוֹבְרִין לִפְנֵי הַתֵּבָה,**
**וְאֵין נוֹשְׂאִין אֶת כַּפֵּיהֶם,**
**וְאֵין קוֹרִין בַּתּוֹרָה,**
**וְאֵין מַפְטִירִין בַּנָּבִיא,**
**וְאֵין עוֹשִׂין מַעֲמָד וּמוֹשָׁב,**
**וְאֵין אוֹמְרִים בִּרְכַּת אֲבֵלִים וְתַנְחוּמֵי אֲבֵלִים וּבִרְכַּת חֲתָנִים,**
**וְאֵין מְזַמְּנִין בַּשֵּׁם - פָּחוֹת מֵעֲשָׂרָה.**
**וּבַקַּרְקָעוֹת - תִּשְׁעָה וְכֹהֵן, וְאָדָם כַּיּוֹצֵא בָהֶן.**

### רבי עובדיה מברטנורה

**אֵין פּוֹרְסִין עַל "שְׁמַע".** עֲשָׂרָה שֶׁבָּאוּ לְבֵית הַכְּנֶסֶת אַחַר שֶׁקָּרְאוּ צִבּוּר אֶת שְׁמַע, עוֹמֵד אֶחָד וְאוֹמֵר קַדִּישׁ וּ"בָרְכוּ" וּבְרָכָה רִאשׁוֹנָה שֶׁלִּפְנֵי קְרִיאַת שְׁמַע. **פּוֹרְסִין,** לְשׁוֹן פְּרוּסָה, כְּלוֹמַר, חֲצִי דָּבָר, מִשְּׁתֵּי בְּרָכוֹת שֶׁלִּפְנֵי קְרִיאַת שְׁמַע - אוֹמֵר בְּרָכָה אַחַת: **וְאֵין עוֹבְרִין לִפְנֵי הַתֵּבָה.** שְׁלִיחַ צִבּוּר: **וְאֵין נוֹשְׂאִין כַּפֵּיהֶן** לְבָרֵךְ בִּרְכַּת כֹּהֲנִים: **וְאֵין קוֹרִין בַּתּוֹרָה** בַּצִּבּוּר. וְכָל הָנֵי אֵין נַעֲשִׂים בְּפָחוֹת מֵעֲשָׂרָה, דִּכְתִיב (ויקרא כב, לב): "וְנִקְדַּשְׁתִּי בְּתוֹךְ בְּנֵי יִשְׂרָאֵל", כָּל דָּבָר שֶׁבִּקְדֻשָּׁה - לֹא יְהֵא בְּפָחוֹת מֵעֲשָׂרָה. כְּתִיב הָכָא: "בְּתוֹךְ בְּנֵי יִשְׂרָאֵל", וּכְתִיב הָתָם (במדבר טז, כא): "הִבָּדְלוּ מִתּוֹךְ הָעֵדָה הַזֹּאת", מַה לְּהַלָּן עֲשָׂרָה, שֶׁאֵין עֵדָה פְּחוּתָה מֵעֲשָׂרָה - אַף כָּאן עֲשָׂרָה: **וְאֵין עוֹשִׂין מַעֲמָד וּמוֹשָׁב** לְמֵת. כְּשֶׁנּוֹשְׂאִין אֶת הַמֵּת לְקָבְרוֹ הָיוּ יוֹשְׁבִים שֶׁבַע פְּעָמִים לִכְבוֹד הַמֵּת, וְאוֹמְרִים עַל כָּל פֶּרֶק וּפֶרֶק שֶׁל הֶסְפֵּד: "עִמְדוּ יְקָרִים, עֲמֹדוּ, שְׁבוּ יְקָרִים, שֵׁבוּ". וּבְבָצִיר מֵעֲשָׂרָה - לָאו אֹרַח אַרְעָא: **בִּרְכַּת אֲבֵלִים.** בִּרְכַּת רְחָבָה. שֶׁהָיוּ אוֹמְרִים בְּרָכָה כְּנֶגֶד אֲבֵלִים, וּבְרָכָה כְּנֶגֶד הַמְנַחֲמִים כו'. כִּדְמְפָרַשׁ בְּפֶרֶק קַמָּא דִּכְתֻבּוֹת (ח, ב): **וְתַנְחוּמֵי אֲבֵלִים.** עוֹמְדִים בְּשׁוּרָה כְּשֶׁחוֹזְרִין מִן הַקֶּבֶר וּמְנַחֲמִין אֶת הָאֲבֵלִים, וְאֵין שׁוּרָה פְּחוּתָה מֵעֲשָׂרָה: וּבִרְכַּת חֲתָנִים. שֶׁבַע בְּרָכוֹת שֶׁאוֹמְרִים לֶחָתָן: **וְאֵין מְזַמְּנִין.** כֵּיוָן דְּבָעֵי לְמֵימַר: "נְבָרֵךְ אֱלֹהֵינוּ" - בָּצִיר מֵעֲשָׂרָה לָאו אֹרַח אַרְעָא: וְהַקַּרְקָעוֹת שֶׁל הֶקְדֵּשׁ, הַבָּא לִפְדּוֹתָן צָרִיךְ עֲשָׂרָה, וְאֶחָד מֵהֶן כֹּהֵן, דַּעֲשָׂרָה כֹּהֲנֵי כְּתוּבִים בְּפָרָשַׁת הֶקְדֵּשׁוֹת (ויקרא פרק כז): שְׁלֹשָׁה בַּעֲרָכִין (שם ח), וּשְׁלֹשָׁה בִּבְהֵמָה (שם, יא-יב) וְאַרְבָּעָה בְּקַרְקָעוֹת (שם יד, יח, כג): **וְאָדָם כַּיּוֹצֵא בָהֶן.** אִם אָמַר: "דָּמַי עָלַי" - שָׁמִין אוֹתוֹ כְּעֶבֶד, וְעֶבֶד אִתְקַשׁ לְקַרְקָעוֹת, דִּכְתִיב (ויקרא כה, מו): "וְהִתְנַחַלְתֶּם אֹתָם לִבְנֵיכֶם". וְכִי הֵיכִי דִּבְקַרְקָעוֹת בָּעֵינַן עֲשָׂרָה וְחַד מִנַּיְהוּ כֹּהֵן - הָכִי נָמִי בְּאָדָם:

משנה זו מונה מצוות שנעשות רק כשיש מניין של עשרה אנשים בוגרים מישראל.

**אֵין פּוֹרְסִין עַל "שְׁמַע"** – מלשון פרוסה, כלומר אין חוצים את 'שמע' אם יש **פָּחוֹת מֵעֲשָׂרָה** ישראלים בוגרים. הפורס הוא אחד מהציבור שאומר קדיש, ברכו וברכה ראשונה שלפני שמע (ואינו ממשיך את ברכות שמע עם הפרשיות) כדי שהמאחרים לבית הכנסת, שלא התפללו עם הציבור, יוכלו לשמוע קדיש וברכו שהפסידו (שהם כמו עטרה לתפילה, ראה שו"ת חתם סופר א, יז).

**וְאֵין עוֹבְרִין לִפְנֵי הַתֵּבָה** – אין שליח הציבור חוזר על תפילת העמידה בקול רם (חזרת הש"ץ) אם יש **פָּחוֹת מֵעֲשָׂרָה** ישראלים בוגרים. שליח הציבור נקרא 'עובר לפני התיבה' כיוון שהיה מתפלל בסמוך לארון הקודש (ר"ן יג, ב).

**וְאֵין נוֹשְׂאִין אֶת כַּפֵּיהֶם** – אין מברכים את ברכת הכוהנים שבתוך חזרת שליח הציבור אם יש **פָּחוֹת מֵעֲשָׂרָה** ישראלים בוגרים.

**וְאֵין קוֹרִין בַּתּוֹרָה** – קריאת התורה בציבור, **וְאֵין מַפְטִירִין בַּנָּבִיא** אם יש **פָּחוֹת מֵעֲשָׂרָה** ישראלים בוגרים.

**וְאֵין עוֹשִׂין מַעֲמָד וּמוֹשָׁב** – במהלך הלווית המת, היו נוהגים שאחד היה קורא למלווים: 'שבו יקרים, שבו', וישבו לבכות ולהספיד את המת, ואחר כך היה קורא להם 'עִמדו יקרים, עִמדו' והיו ממשיכים בליווי, וחוזרים על כך שבע פעמים. את המעמד והמושב אין עושים אם יש **פָּחוֹת מֵעֲשָׂרָה** ישראלים בוגרים.

**וְאֵין אוֹמְרִים בִּרְכַּת אֲבֵלִים** – ברכה שהיה נהוג לאומרה לאחר הקבורה, **וְתַנְחוּמֵי אֲבֵלִים** – שעומדים בשורה לנחם את האבלים אחר קבורת המת, **וּבִרְכַּת חֲתָנִים** – שבע ברכות שנתקנו לשמחת החתונה ושבעת ימי המשתה שאחריה, אם יש **פָּחוֹת מֵעֲשָׂרָה** ישראלים בוגרים.

**וְאֵין מְזַמְּנִין בַּשֵּׁם** – ברכת הזימון בעשרה, אחרי סעודה שאכלו בה לחם אומרים: 'נברך אלהינו שאכלנו משלו' (ראה משנה ברכות ז, ג), ואין עושים כן אם יש **פָּחוֹת מֵעֲשָׂרָה** ישראלים בוגרים.

**וּבַקַּרְקָעוֹת** – אדם שהקדיש קרקע לה' ורוצה לפדות אותה בכסף כדי להוציאה מקדושתה, את חישוב ערך הקרקע עושים עשרה אנשים: **תִּשְׁעָה** ישראלים **וְכֹהֵן**, כפי שלמדו חכמים מדרשות הפסוקים (ויקרא כז).

**וְאָדָם כַּיּוֹצֵא בָהֶן** – כדין הקרקעות כך דין האדם שנדר להקדיש את שוויו להקדש, בודקים כמה היה שווה אם היה נמכר לעבד בשוק, ועושים זאת על ידי עשרה אנשים: תשעה וכוהן.

**ד** **הַקּוֹרֵא בַתּוֹרָה – לֹא יִפְחֹת מִשְּׁלֹשָׁה פְסוּקִים.**
**לֹא יִקְרָא לַמְתֻרְגְּמָן יוֹתֵר מִפָּסוּק אֶחָד,**
**וּבַנָּבִיא – שְׁלֹשָׁה.**

**הָיוּ שְׁלָשְׁתָּן שָׁלֹשׁ פָּרָשִׁיּוֹת – קוֹרִין אֶחָד אֶחָד.**

**מְדַלְּגִין בַּנָּבִיא וְאֵין מְדַלְּגִין בַּתּוֹרָה.**
**וְעַד כַּמָּה הוּא מְדַלֵּג? עַד כְּדֵי שֶׁלֹּא יִפְסֹק הַמְתֻרְגְּמָן.**

### רבי עובדיה מברטנורה

**וְלֹא יִקְרָא לַמְתֻרְגְּמָן יוֹתֵר מִפָּסוּק אֶחָד.** שֶׁלֹּא יִטְעֶה הַמְתֻרְגְּמָן שֶׁמְּתַרְגֵּם עַל פֶּה: **וּבַנָּבִיא – שְׁלֹשָׁה,** אִם יִרְצֶה. וְלֹא אִכְפַּת לָן אִם יִטְעֶה, דְּלָא נָפְקָא לָן הוֹרָאָה מִנֵּיהּ: **וְאִם שְׁלָשְׁתָּן שָׁלֹשׁ פָּרָשִׁיּוֹת.** כְּגוֹן (ישעיה נב, ג-ה): "כִּי כֹה אָמַר ה' חִנָּם נִמְכַּרְתֶּם... כִּי כֹה אָמַר ה' מִצְרַיִם יָרַד עַמִּי בָרִאשֹׁנָה... וְעַתָּה מַה לִּי פֹה נְאֻם ה'", הֵם שָׁלֹשׁ פָּרָשִׁיּוֹת בִּשְׁלֹשָׁה מִקְרָאוֹת רְצוּפִים: **מְדַלְּגִין בַּנָּבִיא.** מִפָּרָשָׁה לְפָרָשָׁה וַאֲפִלּוּ מֵעִנְיָן לְעִנְיָן: **וְאֵין מְדַלְּגִין בַּתּוֹרָה** בִּשְׁנֵי עִנְיָנִים. אֲבָל בְּעִנְיָן אֶחָד – מְדַלְּגִין, כְּמוֹ שֶׁהָיָה כֹּהֵן גָּדוֹל קוֹרֵא בְּיוֹם הַכִּפּוּרִים פָּרָשַׁת "אַחֲרֵי מוֹת" (ויקרא טז, א), וּמְדַלֵּג וְקוֹרֵא: "אַךְ בֶּעָשׂוֹר" (שם כג, כו): **עַד שֶׁלֹּא יַפְסִיק הַמְתֻרְגְּמָן.** הַמְדַלֵּג בֵּין בַּתּוֹרָה בְּעִנְיָן אֶחָד, בֵּין בַּנָּבִיא וַאֲפִלּוּ בִּשְׁנֵי עִנְיָנִים – לֹא יִשְׁהֶא אֶלָּא בִּכְדֵי שֶׁיַּשְׁלִים הַמְתֻרְגְּמָן לְתַרְגֵּם מַה שֶּׁהוּא צָרִיךְ לְתַרְגֵּם, שֶׁאֵין כָּבוֹד לַצִּבּוּר לַעֲמֹד שָׁם בִּשְׁתִיקָה:

בתקופת המשנה, בקריאת התורה בציבור היה עומד מתורגמן ליד הקורא, ואחרי כל פסוק שקרא הקורא היה המתורגמן קורא את תרגומו בארמית, כדי שהציבור יבין את תוכן דברי התורה. בימינו רוב הקהילות לא נהגו בתקנה זו כיוון שרוב העם אינו מבין את הארמית (שולחן ערוך קמה, ג), אך בקהילות התימנים נהגו לתרגם את התורה גם בימינו.

**הַקּוֹרֵא בַתּוֹרָה** – כל אחד מן העולים, **לֹא יִפְחֹת מִשְּׁלֹשָׁה פְסוּקִים** – צריך לקרוא לפחות שלושה פסוקים כנגד כתבי הקודש: תורה, נביאים וכתובים (גמרא כד, א).

וכל אחד מן העולים **לֹא יִקְרָא לַמְתֻרְגְּמָן יוֹתֵר מִפָּסוּק אֶחָד** ברצף, אלא אחר כל פסוק ימתין שהמתורגמן יסיים לקרוא את התרגום שלו. אם יקרא יותר מפסוק אחד ברצף חוששים שהמתורגמן יטעה ותצא תקלה בהבנת ההלכה.

**וּבַנָּבִיא** – בקריאת הנביא בהפטרה אפשר לקרוא **שְׁלֹשָׁה** פסוקים ברצף, ואין חוששים לטעות, כיוון שמפסוקי הנביא לא לומדים הלכה.

**הָיוּ שְׁלָשְׁתָּן**, שלושת הפסוקים שבנביא, **שָׁלֹשׁ פָּרָשִׁיּוֹת** – משלושה עניינים שונים (ריטב"א כד, א), אין לקרוא ברצף את הפסוקים האלו, אלא **קוֹרִין אֶחָד אֶחָד**.

**מְדַלְּגִין בַּנָּבִיא** – המפטיר בנביא רשאי לדלג מפרשה לפרשה, **וְאֵין מְדַלְּגִין בַּתּוֹרָה** – אסור לדלג כך בקריאת התורה, כדי שלא לבלבל את הציבור, שמא יטעו בהבנת ההלכה.

**וְעַד כַּמָּה הוּא מְדַלֵּג** – וכמה רשאי לדלג בקריאת הנביא?

**עַד כְּדֵי שֶׁלֹּא יִפְסֹק הַמְתֻרְגְּמָן** – זמן הדילוג המותר הוא אם מספיק לגלול להמשך ההפטרה תוך כדי שהמתורגמן מתרגם את הפסוקים שכבר קרא. אך אין לעשות הפסקה ארוכה יותר משום שמטריח את הציבור.

# ה

**הַמַּפְטִיר בַּנָּבִיא –**
**הוּא פּוֹרֵס עַל "שְׁמַע",**
**וְהוּא עוֹבֵר לִפְנֵי הַתֵּבָה,**
**וְהוּא נוֹשֵׂא אֶת כַּפָּיו.**

**וְאִם הָיָה קָטָן –**
**אָבִיו אוֹ רַבּוֹ עוֹבְרִין עַל יָדוֹ.**

### רבי עובדיה מברטנורה

**הַמַּפְטִיר בַּנָּבִיא.** מִי שֶׁרָגִיל לְהַפְטִיר בַּנָּבִיא – תִּקְּנוּ חֲכָמִים שֶׁיְּהֵא **הוּא פּוֹרֵס עַל "שְׁמַע"** בָּרַבִּים: **וְהוּא עוֹבֵר לִפְנֵי הַתֵּבָה** לְהוֹצִיא אֶת הָרַבִּים בִּקְדֻשַּׁת הַשֵּׁם בַּתְּפִלָּה. הוֹאִיל וּמַמְצִיא אֶת עַצְמוֹ לְהַפְטִיר, דְּהָוֵי דָּבָר שֶׁאֵינוֹ כְּבוֹדוֹ – תִּקְּנוּ לוֹ אֶת זוֹ לִכְבוֹדוֹ: **וְאִם הָיָה קָטָן** שֶׁאֵינוֹ יָכוֹל לַעֲבֹר לִפְנֵי הַתֵּבָה, וְלֹא לִפְרֹס עַל שְׁמַע – **אָבִיו אוֹ רַבּוֹ עוֹבְרִים** לִפְנֵי הַתֵּבָה: **עַל יָדוֹ.** בִּשְׁבִילוֹ:

עד כה פירטה המשנה את ענייני התפילה וקריאת התורה, משנה זו והבאות אחריה (ה-ח) מבארות מי עושה עניינים אלו.

חכמים תיקנו ש**הַמַּפְטִיר בַּנָּבִיא – הוּא** גם **פּוֹרֵס עַל "שְׁמַע"**, באמירת קדיש, ברכו וברכה ראשונה של קריאת שמע, כמבואר לעיל (משנה ג).

**וְהוּא עוֹבֵר לִפְנֵי הַתֵּבָה –** מתפלל חזרת הש"ץ עם קדושה. **וְהוּא נוֹשֵׂא אֶת כַּפָּיו –** אם הוא כוהן, יש לו את הזכות להתחיל ראשון לברך את העם בברכת הכוהנים (תוספות יום טוב).

**וְאִם הָיָה** המפטיר בנביא **קָטָן** שלא מלאו לו 13 שנים ויום אחד, מן התורה הוא פטור ממצוות, ולכן אינו יכול להוציא אחרים ידי חובתם - תיקנו ש**אָבִיו אוֹ רַבּוֹ עוֹבְרִין עַל יָדוֹ –** יש להם את הזכות לפרוס על שמע ולהיות שליח ציבור במקומו.

**ו** קָטָן - קוֹרֵא בַתּוֹרָה וּמְתַרְגֵּם,
אֲבָל אֵינוֹ פּוֹרֵס עַל "שְׁמַע",
וְאֵינוֹ עוֹבֵר לִפְנֵי הַתֵּבָה,
וְאֵינוֹ נוֹשֵׂא אֶת כַּפָּיו.

פּוֹחֵחַ - פּוֹרֵס עַל שְׁמַע וּמְתַרְגֵּם,
אֲבָל אֵינוֹ קוֹרֵא בַתּוֹרָה,
וְאֵינוֹ עוֹבֵר לִפְנֵי הַתֵּבָה,
וְאֵינוֹ נוֹשֵׂא אֶת כַּפָּיו.

סוּמָא - פּוֹרֵס עַל "שְׁמַע" וּמְתַרְגֵּם,
רַבִּי יְהוּדָה אוֹמֵר:
כָּל שֶׁלֹּא רָאָה מְאוֹרוֹת מִיָּמָיו - אֵינוֹ פּוֹרֵס עַל "שְׁמַע".

**רבי עובדיה מברטנורה**

**קָטָן קוֹרֵא בַתּוֹרָה.** וְיֵשׁ מִן הַגְּאוֹנִים שֶׁאָמְרוּ: דַּוְקָא מִשְּׁלִישִׁי וָאֵילָךְ: **אֲבָל אֵינוֹ פּוֹרֵס עַל "שְׁמַע".** לְפִי שֶׁהוּא בָא לְהוֹצִיא אֶת הָרַבִּים יְדֵי חוֹבָתָן, וְכָל שֶׁאֵינוֹ חַיָּב בְּדָבָר - אֵינוֹ מוֹצִיא אֶת הָרַבִּים יְדֵי חוֹבָתָן (משנה ראש השנה ג, ח): **וְאֵינוֹ נוֹשֵׂא אֶת כַּפָּיו** אִם הוּא כֹּהֵן, שֶׁאֵין כָּבוֹד לַצִּבּוּר שֶׁיִּהְיוּ כְּפוּפִין לְבִרְכָתוֹ: **פּוֹחֵחַ.** בְּגָדָיו קְרוּעִים וּזְרוֹעוֹתָיו נִרְאִים מִבַּחוּץ. "עָרוֹם וְיָחֵף" (ישעיה כ, ב), מְתַרְגְּמִינָן: "פּוֹחֵחַ וְיָחֵף": **פּוֹרֵס עַל שְׁמַע.** שֶׁהֲרֵי הוּא מְחֻיָּב בַּדָּבָר: **אֲבָל אֵינוֹ קוֹרֵא בַתּוֹרָה.** מִפְּנֵי כְּבוֹד הַתּוֹרָה. וְכֵן לִפְנֵי הַתֵּבָה, וְכֵן לִנְשִׂיאַת כַּפַּיִם, מִפְּנֵי שֶׁגְּנַאי הוּא לַצִּבּוּר: **סוּמָא - פּוֹרֵס עַל "שְׁמַע".** שֶׁאַף עַל פִּי שֶׁאֵינוֹ רוֹאֶה מְאוֹרוֹת - יֵשׁ לוֹ הֲנָאָה מִן הַמְּאוֹרוֹת, שֶׁבְּנֵי אָדָם רוֹאִין אוֹתוֹ וּמַצִּילִין אוֹתוֹ מִן הַמִּכְשׁוֹלִים: **רַבִּי יְהוּדָה אוֹמֵר: כָּל שֶׁלֹּא רָאָה מְאוֹרוֹת מִיָּמָיו - לֹא יִפְרוֹס.** שֶׁלֹּא הָיָה לוֹ הֲנָאָה מֵהֶם לְעוֹלָם. וְאֵין הֲלָכָה כְּרַבִּי יְהוּדָה:

**קָטָן** - שלא מלאו לו 13 שנים ויום אחד יכול להיות **קוֹרֵא בַתּוֹרָה** בציבור **וּמְתַרְגֵּם** את קריאת התורה.

**אֲבָל אֵינוֹ פּוֹרֵס עַל "שְׁמַע", וְאֵינוֹ עוֹבֵר לִפְנֵי הַתֵּבָה** - כיוון שאינו חייב במצוות מן התורה, **וְאֵינוֹ נוֹשֵׂא אֶת כַּפָּיו** בברכת כוהנים - מפני שזהו גנאי לציבור שיהיו תלויים בברכת קטן.

**פּוֹחֵחַ** – מי שבגדיו קרועים עד שכתפיו וחזהו מגולים (פירוש המשנה לרמב"ם), ויש מפרשים שזרועותיו מגולות (ברטנורה), **פּוֹרֵס עַל שְׁמַע וּמְתַרְגֵּם** ואין בכך פגיעה בכבוד הציבור, שאין אלו תפקידים חשובים כל כך.

**אֲבָל אֵינוֹ קוֹרֵא בַּתּוֹרָה** מפני שאין זה מכבוד התורה, **וְאֵינוֹ עוֹבֵר לִפְנֵי הַתֵּבָה, וְאֵינוֹ נוֹשֵׂא אֶת כַּפָּיו** בברכת כוהנים, שאין זה מכבוד הציבור.

**סוּמָא** – עיוור, חייב במצוות ככל אדם, ולכן **פּוֹרֵס עַל "שְׁמַע" וּמְתַרְגֵּם** ככל אדם.

**רַבִּי יְהוּדָה אוֹמֵר: כָּל שֶׁלֹּא רָאָה מְאוֹרוֹת מִיָּמָיו** – אדם עיוור מלידה **אֵינוֹ פּוֹרֵס עַל "שְׁמַע"**. לדעת רבי יהודה, כיוון שהפורס על שמע מברך את ברכת 'יוצר המאורות', העוסקת בשבח בריאת גרמי השמים (השמש, הירח והכוכבים), והעיוור מעולם לא נהנה מהם, הוא אינו יכול לברך ברכה זו. אבל לדעת תנא קמא, אף עיוור שמעולם לא ראה מאורות יכול לברך עליהם, שהרי הוא נהנה מהם בעקיפין, על ידי בני אדם שעוזרים לו בדרכיו ובעיסוקיו לאור השמש והירח.

## ז כֹּהֵן שֶׁיֵּשׁ בְּיָדָיו מוּמִין – לֹא יִשָּׂא אֶת כַּפָּיו.

**רַבִּי יְהוּדָה אוֹמֵר:**
**אַף מִי שֶׁהָיוּ יָדָיו צְבוּעוֹת אִסְטִיס וּפוּאָה –**
**לֹא יִשָּׂא אֶת כַּפָּיו, מִפְּנֵי שֶׁהָעָם מִסְתַּכְּלִין בּוֹ.**

### רבי עובדיה מברטנורה

**כֹּהֵן שֶׁיֵּשׁ בְּיָדוֹ מוּמִין.** וְכֵן בְּפָנָיו אוֹ בְּרַגְלָיו: **לֹא יִשָּׂא אֶת כַּפָּיו.** שֶׁאֵין הַכֹּהֲנִים רַשָּׁאִין לַעֲלוֹת בְּסַנְדְּלֵיהֶן לַדּוּכָן, וְאִם יֵשׁ מוּמִין בְּרַגְלָיו – יִסְתַּכְּלוּ בּוֹ, וּמִתּוֹךְ כָּךְ יָבוֹאוּ לְהִסְתַּכֵּל בְּיָדָיו, וְהַמִּסְתַּכֵּל בַּכֹּהֲנִים כְּשֶׁנּוֹשְׂאִים כַּפֵּיהֶן – עֵינָיו כֵּהוֹת (גמרא חגיגה טז, א), לְפִי שֶׁהַשְּׁכִינָה שׁוֹרָה בֵּין יְדֵיהֶם: **אִסְטִיס.** צִבְעוֹ דּוֹמֶה לִתְכֵלֶת: **פּוּאָה.** שָׁרָשִׁים אֲדֻמִּים שֶׁצּוֹבְעִים בָּהֶם אָדֹם. וּמַסִּיק בַּגְּמָרָא (כד, ב), שֶׁאִם הָיָה דָּשׁ בְּעִירוֹ, כְּלוֹמַר רָגִיל עִמָּהֶם וְכֻלָּם יוֹדְעִים בַּמּוּמִין שֶׁיֵּשׁ בּוֹ, אוֹ בַּצֶּבַע שֶׁבְּיָדָיו, אוֹ שֶׁרֹב אַנְשֵׁי הָעִיר מְלַאכְתָּן בְּכָךְ – מֻתָּר, דְּשׁוּב אֵין מִסְתַּכְּלִים בּוֹ:

משנה זו מבארת לאיזה כוהנים אסור לברך ברכת כוהנים.

**כֹּהֵן שֶׁיֵּשׁ בְּיָדָיו מוּמִין** – פגמים משונים, כגון מחלות עור ונגעים, **לֹא יִשָּׂא אֶת כַּפָּיו** – לא יעלה לברך את העם בברכת הכוהנים, כדי לא לבלבל את העם ולהסיח דעתם מן הברכה (ירושלמי ד, ח).

**רַבִּי יְהוּדָה אוֹמֵר: אַף מִי שֶׁהָיוּ יָדָיו צְבוּעוֹת אִסְטִיס וּפוּאָה** – מיני צבעים, **לֹא יִשָּׂא אֶת כַּפָּיו, מִפְּנֵי שֶׁהָעָם מִסְתַּכְּלִין בּוֹ** ועל ידי כך יסיחו דעתם מן הברכה. בזמננו, הכוהנים מכסים את ידיהם בטלית בשעת הברכה, והעם אינם רואים את ידיהם, ולכן אין בעיה שכוהן שידיו צבועות או משונות יברך את העם בנשיאת כפיים (בית יוסף קכח, לא).

**ח** **הָאוֹמֵר: "אֵינִי עוֹבֵר לִפְנֵי הַתֵּבָה בִּצְבוּעִין" - אַף בִּלְבָנִים לֹא יַעֲבֹר. "בְּסַנְדָּל אֵינִי עוֹבֵר" - אַף יָחֵף לֹא יַעֲבֹר.**

**הָעוֹשֶׂה תְּפִלָּתוֹ עֲגֻלָּה - סַכָּנָה וְאֵין בָּהּ מִצְוָה.**

**נְתָנָהּ עַל מִצְחוֹ אוֹ עַל פַּס יָדוֹ - הֲרֵי זוֹ דֶּרֶךְ הַמִּינוּת.**

**צִפָּן זָהָב, וּנְתָנָהּ עַל בֵּית אֻנְקְלִי שֶׁלּוֹ - הֲרֵי זוֹ דֶּרֶךְ הַחִיצוֹנִים.**

**רבי עובדיה מברטנורה**

**אַף בִּלְבָנִים לֹא יַעֲבֹר.** חַיְשִׁינָן שֶׁמָּא מִינוּת נִזְרְקָה בּוֹ, דְּעוֹבְדֵי עֲבוֹדָה זָרָה מַקְפִּידִין בְּכָךְ: **הָעוֹשֶׂה תְּפִילִין** שֶׁבְּרֹאשׁוֹ עֲגֻלּוֹת. כְּאֱגוֹז אוֹ כְּבֵיצָה: **סַכָּנָה.** שֶׁלֹּא תִּכָּנֵס בְּרֹאשׁוֹ: **וְאֵין בָּהּ מִצְוָה.** דִּתְפִלִּין מְרֻבָּעוֹת הֲלָכָה לְמֹשֶׁה מִסִּינַי: **הֲרֵי זוֹ דֶּרֶךְ הַמִּינוּת.** שֶׁבּוֹזִים דִּבְרֵי חֲכָמִים וְהוֹלְכִים אַחַר מַשְׁמָעוּת הַמִּקְרָא, וְאוֹמְרִים: "בֵּין עֵינֶיךָ" (דברים ו, ח) - מַמָּשׁ, "עַל יָדֶךָ" (שם) - מַמָּשׁ. וַחֲכָמִים לָמְדוּ בִּגְזֵרָה שָׁוָה, "בֵּין עֵינֶיךָ" - בִּמְקוֹם שֵׂעָר שֶׁבָּרֹאשׁ, מָקוֹם שֶׁמֹּחוֹ שֶׁל תִּינוֹק רוֹפֵס. "עַל יָדֶךָ" - בְּגֹבַהּ הַיָּד, קִבֹּרֶת בְּרֹאשׁ הַזְּרוֹעַ, שֶׁתְּהֵא כְּנֶגֶד הַלֵּב: **צִפָּה זָהָב וכו'.** וְהַכָּתוּב אוֹמֵר (שמות יג, ט): "לְמַעַן תִּהְיֶה תּוֹרַת ה' בְּפִיךָ" - מִן הַמֻּתָּר בְּפִיךָ, שֶׁיְּהֵא הַכֹּל מֵעוֹר בְּהֵמָה טְהוֹרָה וְלֹא מִזָּהָב: **וּנְתָנָהּ עַל בֵּית אֻנְקְלִי.** עַל בֵּית יַד הַמַּלְבּוּשׁ מִבַּחוּץ. וְהַכָּתוּב אוֹמֵר: "לְךָ לְאוֹת" (דברים שם), וְלֹא לַאֲחֵרִים לְאוֹת: **הֲרֵי זוֹ דֶּרֶךְ הַחִיצוֹנִים.** בְּנֵי אָדָם הַהוֹלְכִים אַחַר דַּעְתָּם חוּץ מִדַּעַת הַחֲכָמִים:

משנה זו עוסקת בהלכות שליח ציבור והנחת תפילין.

**הָאוֹמֵר** - אדם המסרב להיות שליח ציבור ואומר: **"אֵינִי עוֹבֵר לִפְנֵי הַתֵּבָה בִּצְבוּעִין"** - שאינו מסכים להיות שליח ציבור בבגדים צבעוניים אלא רק בבגדים לבנים, **אַף בִּלְבָנִים לֹא יַעֲבֹר** - אין נותנים לו להיות שליח ציבור כלל.

וכן אם טענתו היא: **"בְּסַנְדָּל אֵינִי עוֹבֵר"** - שאינו מסכים להיות שליח ציבור כיוון שיש סנדלים לרגליו, **אַף יָחֵף לֹא יַעֲבֹר** - אין נותנים לו להיות שליח ציבור כלל.

אדם כזה מדקדק ומתחסד בדברים שאין בהם טעם כלל, ואין דרך ישראל להקפיד בכך, ולכן חושדים בו שהוא כופר בתורה ונוטה לאמונות זרות המקפידות על דברים אלו (ר"ן, מאירי כד, ב).

**הָעוֹשֶׂה תְּפִלָּתוֹ** - התפילין ביחיד נקראים 'תפילה', ומי שעושה את התפילה של ראש **עֲגֻלָּה, סַכָּנָה וְאֵין בָּהּ מִצְוָה** - הלכה למשה מסיני היא שהתפילין צריכות להיות מרובעות, ואין מצווה בתפילה עגולה. בתקופת המשנה גזרו הגויים שלא להניח תפילין, ולמרות

הגזרה סיכנו את עצמם להניח תפילין, והמשנה מזהירה שהמניח תפילה עגולה נתון בסכנת הגזרה לחינם, כיוון שאינו מקיים את המצווה (ראבי"ה ב, תקפט, וראה פירוש נוסף בברטנורה).

**נְתָנָהּ** - הניח את התפילה של ראש **עַל מִצְחוֹ אוֹ** שהניח את התפילה של יד **עַל פַּס** - כף **יָדוֹ**, **הֲרֵי זוֹ דֶּרֶךְ הַמִּינוּת** - שהכופרים בתורה שבעל פה פירשו את הכתוב (שמות יג, ט): "לאות על ידך" - על כף היד, ואת הכתוב (שם): "לטוטפות בין עיניך" - על המצח בין העיניים, וחז"ל דרשו שיניח תפילין של יד בראש הזרוע ותפילין של ראש מעל המצח בגובה השערות.

**צִפָּן** את התפילין **בְּזָהָב** לנוי (וכפי שנהגו גם בעיטור הלולבים במשנה סוכה ג, ח), **וּנְתָנָהּ עַל בֵּית אֻנְקְלִי שֶׁלּוֹ** - או שהניח את התפילה של יד במקומה, אך על גבי שרוול הבגד (על פי תוספתא נידה ז, א), **הֲרֵי זוֹ דֶּרֶךְ הַחִיצוֹנִים** - אנשים שעושים את המצוות כרצונם ולא על פי דעת חכמים, אך אינם כופרים לגמרי (ר"ן טו, ב).

**ט** **הָאוֹמֵר: "יְבָרְכוּךָ טוֹבִים" –**
**הֲרֵי זוֹ דֶּרֶךְ הַמִּינוּת.**

**"עַל קַן צִפּוֹר יַגִּיעוּ רַחֲמֶיךָ", וְ"עַל טוֹב יִזָּכֵר שְׁמֶךָ",**
**"מוֹדִים מוֹדִים" – מְשַׁתְּקִין אוֹתוֹ.**

**הַמְכַנֶּה בָּעֲרָיוֹת – מְשַׁתְּקִין אוֹתוֹ.**

**הָאוֹמֵר: "וּמִזַּרְעֲךָ לֹא־תִתֵּן לְהַעֲבִיר לַמֹּלֶךְ" (ויקרא יח, כא):**
**"וּמִזַּרְעָךְ לָא תִתֵּן לְאַעְבָּרָא בְּאַרְמָיוּתָא" –**
**מְשַׁתְּקִין אוֹתוֹ בִּנְזִיפָה.**

**רבי עובדיה מברטנורה**

**"יְבָרְכוּךָ טוֹבִים" – הֲרֵי זוֹ דֶּרֶךְ מִינוּת.** שֶׁצְּרִיכִין יִשְׂרָאֵל לְצָרֵף עִמָּהֶם פּוֹשְׁעֵי יִשְׂרָאֵל בַּאֲגֻדַּת תַּעֲנִיּוֹתֵיהֶם, שֶׁהֲרֵי חֶלְבְּנָה רֵיחָהּ רַע, וּמְנָאָהּ הַכָּתוּב (שמות ל, לד) עִם סַמְמָנֵי הַקְּטֹרֶת: **"עַל קַן צִפּוֹר יַגִּיעוּ רַחֲמֶיךָ".** כְּמוֹ שֶׁהִגִּיעוּ רַחֲמֶיךָ עַל קַן צִפּוֹר וְגָזַרְתָּ "לֹא תִקַּח הָאֵם עַל הַבָּנִים" (דברים כב, ו) – כֵּן חוּס וְרַחֵם עָלֵינוּ. **מְשַׁתְּקִין אוֹתוֹ.** שֶׁעוֹשֶׂה מִצְוֹתָיו שֶׁל הַקָּדוֹשׁ בָּרוּךְ הוּא רַחֲמִים, וְהֵם אֵינָן אֶלָּא גְּזֵרוֹת: **וְ"עַל טוֹב יִזָּכֵר שְׁמֶךָ".** עַל טוֹבָתְךָ נוֹדֶה לְךָ – **מְשַׁתְּקִין אוֹתוֹ.** שֶׁאָנוּ חַיָּבִים לְבָרֵךְ עַל הָרָעָה כְּשֵׁם שֶׁמְּבָרְכִין עַל הַטּוֹבָה: **"מוֹדִים מוֹדִים".** דְּמִחֲזֵי כִּשְׁתֵּי רְשֻׁיּוֹת, כְּמוֹדֶה וּמְקַבֵּל עָלָיו שְׁתֵּי אֱלֹהוּת: **הַמְכַנֶּה בָּעֲרָיוֹת.** שֶׁדּוֹרֵשׁ פָּרָשָׁה שֶׁל עֲרָיוֹת בִּלְשׁוֹן כִּנּוּי. שֶׁאוֹמֵר דְּלֹא בַּעֲרָיוֹת מַמָּשׁ דִּבֵּר הַכָּתוּב, אֶלָּא שֶׁלֹּא יְגַלֶּה קְלוֹן אָבִיו וּקְלוֹן אִמּוֹ בָּרַבִּים: **"וּמִזַּרְעָךְ לָא תִתֵּן לְאַעְבָּרָא בְּאַרְמָיוּתָא".** לֹא תָּבֹא עַל הַגּוֹיָה וְתוֹלִיד בֵּן לַעֲבוֹדָה זָרָה – **מְשַׁתְּקִין אוֹתוֹ בִּנְזִיפָה.** שֶׁעוֹקֵר הַכָּתוּב מִמַּשְׁמָעוּתוֹ, וְנוֹתֵן כָּרֵת לַבָּא עַל הַגּוֹיָה, וּמְחַיְּבוֹ חַטָּאת עַל הַשּׁוֹגֵג:

משנה זו מונה דברים שאסור לאומרם ואלו אמירות יש להשתיק את אומרם.

**הָאוֹמֵר** כלפי הקדוש ברוך הוא: **"יְבָרְכוּךָ טוֹבִים" – הֲרֵי זוֹ דֶּרֶךְ הַמִּינוּת**, לפי שמובן מדבריו שדווקא הטובים יברכו אותו, והרעים אינם צריכים לברכו.

וכן האומר **"עַל קַן צִפּוֹר יַגִּיעוּ רַחֲמֶיךָ"... מְשַׁתְּקִין אוֹתוֹ** – באמירתו הוא מתייחס למצוות שילוח הציפור מהקן כשרוצה ליטול את בניה האפרוחים או את הביצים (דברים כב, ו-ז) ומחליט שהמצווה היא מפני רחמי ה' על האם, ומשתקים אותו על כך, שהרי מצוות ה' הן גזרות מאת ה' ולא מפני רחמיו (רמב"ם הלכות תפילה ט, ז).

וכן האומר **"עַל טוֹב יִזָּכֵר שְׁמֶךָ"... מְשַׁתְּקִין אוֹתוֹ** – לפי שמובן מדבריו שרק על המאורעות הטובים לנו אנו מברכים אותו, ואמרו חכמים שיש לברך את ה' על הרעה כמו שמברך על הטובה (משנה ברכות ט, ה).

וכן האומר **"מוֹדִים מוֹדִים"** בברכת ההודאה שבתפילת עמידה **מְשַׁתְּקִין אוֹתוֹ** – לפי שכופל את הודאתו אפשר להבין מדבריו שהוא מודה לשתי רשויות ולא לה' לבדו.

**הַמְכַנֶּה בָּעֲרָיוֹת** – דורש את הפסוקים של איסורי העריות שלא כפשוטם, שאינם עוסקים בגילוי ערווה ממש, אלא מפרש שהאיסור הוא לגלות ברבים את בושתם ("ערוותם") של הקרובים ולביישם בזה, **מְשַׁתְּקִין אוֹתוֹ** – לפי שהוא מסלף את דברי התורה ואת משמעות המצוות (רש"י כה, א).

**הָאוֹמֵר: "וּמִזַּרְעֲךָ לֹא תִתֵּן לְהַעֲבִיר לַמֹּלֶךְ": "וּמִזַּרְעָךְ לָא תִתֵּן לְאַעְבָּרָא בְּאַרְמָיוּתָא"** – התורה מצווה שלא לעבוד עבודה זרה הנקראת 'מולך', והיא מסירת הבן לכמרים שיעבירו אותו בין שתי מדורות אש גדולות. מי שאומר שפירוש הפסוק אינו העברה זו, אלא איסור לבוא על גויה והיא תתעבר ("לְאַעְבָּרָא בְּאַרְמָיוּתָא" - לעבר גויה) ובכך יביא לעולם ילד שיעבוד עבודה זרה זו - **מְשַׁתְּקִין אוֹתוֹ בִּנְזִיפָה**, משום שהוא מסלף את דברי התורה ואת משמעות המצוות.

**י** **מַעֲשֵׂה רְאוּבֵן** (בראשית לה, כב) **נִקְרָא וְלֹא מִתַּרְגֵּם.**
**מַעֲשֵׂה תָמָר נִקְרָא וּמִתַּרְגֵּם.**
**מַעֲשֵׂה עֵגֶל הָרִאשׁוֹן** (שמות לב, א-כ) **נִקְרָא וּמִתַּרְגֵּם,**
**וְהַשֵּׁנִי** (שם, כא-כה) **נִקְרָא וְלֹא מִתַּרְגֵּם.**

**בִּרְכַּת כֹּהֲנִים** (במדבר ו, כד-כו)**,**
**מַעֲשֵׂה דָוִד וְאַמְנוֹן** (שמואל ב יג, א)
**נִקְרָאִין וְלֹא מִתַּרְגְּמִין.**

**אֵין מַפְטִירִין בַּמֶּרְכָּבָה** (יחזקאל א)**.**
**וְרַבִּי יְהוּדָה מַתִּיר.**

**רַבִּי אֱלִיעֶזֶר אוֹמֵר:**
**אֵין מַפְטִירִין בְּ"הוֹדַע אֶת יְרוּשָׁלַיִם"** (יחזקאל טז)**.**

### רבי עובדיה מברטנורה

**מַעֲשֵׂה אַמְנוֹן תָמָר - נִקְרָא וּמִתַּרְגֵּם.** וְלָא חַיְשִׁינָן לִיקָרֵיהּ דְּדָוִד. וְהוּא, דְּלָא כְּתִיב: "אַמְנוֹן בֶּן דָּוִד", כִּדְבָעֵינָן לְמֵימַר לְקַמָּן: **מַעֲשֵׂה עֵגֶל הָרִאשׁוֹן - נִקְרָא וּמִתַּרְגֵּם.** וְלָא חַיְשִׁינָן לִיקָרָא דְיִשְׂרָאֵל: **מַעֲשֵׂה עֵגֶל הַשֵּׁנִי.** מִן "וַיֹּאמֶר מֹשֶׁה אֶל אַהֲרֹן" עַד "וַיַּרְא מֹשֶׁה אֶת הָעָם וגו'" (שמות לב, כא-כה) וּפָסוּק "וַיִּגֹּף ה' אֶת הָעָם" (שם, לה), כָּל אֵלּוּ - **נִקְרָאִים וְלֹא מִתַּרְגְּמִין,** מִשּׁוּם יְקָרָא דְּאַהֲרֹן: **בִּרְכַּת כֹּהֲנִים - נִקְרָאִים וְלֹא מִתַּרְגְּמִין** (כן גרסת הרע"ב) מִשּׁוּם דְּאִית בֵּיהּ "יִשָּׂא ה' פָּנָיו אֵלֶיךָ" (במדבר ו, כו), שֶׁלֹּא יֹאמְרוּ: הַקָּדוֹשׁ בָּרוּךְ הוּא נוֹשֵׂא פָּנִים, וְהֵן אֵינָן יוֹדְעִים שֶׁכְּדַאי הֵן יִשְׂרָאֵל לָשֵׂאת לָהֶם פָּנִים: **מַעֲשֵׂה דָוִד וְאַמְנוֹן - לֹא נִקְרָאִים** בְּהַפְטָרָה, **וְלֹא מִתַּרְגְּמִין,** כָּל אוֹתָן פְּסוּקִים שֶׁכָּתוּב בָּהֶם "אַמְנוֹן בֶּן דָּוִד". אֲבָל אוֹתָן שֶׁנֶּאֱמַר בָּהֶן "אַמְנוֹן" סְתָם - הָא אָמְרִינָן לְעֵיל **מַעֲשֵׂה תָמָר נִקְרָא וּמִתַּרְגֵּם: אֵין מַפְטִירִין בַּמֶּרְכָּבָה.** דִּלְמָא אָתֵי לְשַׁיּוּלֵי וּלְעַיּוּנֵי בַּהּ: **וְרַבִּי יְהוּדָה מַתִּיר.** וַהֲלָכָה כְּמוֹתוֹ: **אֵין מַפְטִירִין בְּ"הוֹדַע אֶת־יְרוּשָׁלַיִם"** (יחזקאל טז). מִשּׁוּם יְקָרָא דִירוּשָׁלַיִם. וְאֵין הֲלָכָה כְּרַבִּי אֱלִיעֶזֶר:

משנה זו חוזרת לעסוק בקריאת התורה, התרגום וההפטרה. הקריאה היא בספר התורה או הנביאים בציבור, והתרגום הוא בלשון הארמית, כדי שיבינו העם את תוכן הקריאה (ראה לעיל ד, ד). משנה זו מפרטת פרשיות היוצאות מן הכלל ואין לקרוא או לתרגם, כיוון שחכמים לא רצו שיתפרסמו לעמי הארצות שיבינו את הדברים בצורה לא ראויה.

**מַעֲשֵׂה רְאוּבֵן נִקְרָא וְלֹא מִתַּרְגֵּם** – מהכתוב אפשר להבין שראובן חטא ובא על פילגש אביו: "וישכב את בלהה פילגש אביו", אולם חכמים הסבירו שזו טעות לפרש כך, והמעשה היה שאחר מות רחל, יעקב העביר את מיטתו לאוהל בלהה פילגשו, שהייתה שפחת רחל. ראובן ראה זאת, הצטער על עלבון אמו לאה, שנדחתה כביכול, והעביר את מיטת יעקב לאוהל אמו לאה. הפסוק מייחס לראובן עונש חמור יותר ממה שבאמת עשה מפני מעלתו הגבוהה. חכמים קבעו שלא לתרגם לעם את המעשה הזה, כדי שלא יבינו אותו בצורה שלילית.

**מַעֲשֵׂה תָמָר נִקְרָא וּמִתַּרְגֵּם** – מעשה אמנון בן דוד שאנס את אחותו תמר. חכמים לא אסרו לקרוא הפטרה מפסוקים אלו ולתרגם אותה לציבור.

בהמשך משנה זו אמרו שמעשה דוד ואמנון לא נקרא ולא מתרגם, וזה סותר לכאורה את האמור כאן, וביאר הרמב"ם (פירוש המשנה כאן) שאכן קוראים את המעשה אך אין קוראים את הייחוס של אמנון לדוד אביו, משום כבודו של דוד.

**מַעֲשֵׂה עֵגֶל הָרִאשׁוֹן נִקְרָא וּמִתַּרְגֵּם, וְהַשֵּׁנִי נִקְרָא וְלֹא מִתַּרְגֵּם** – מעשה חטא העגל מתואר בפעם הראשונה בעת המעשה ובפעם השנייה כאשר אהרן מספר למשה את השתלשלות הדברים. חכמים קבעו שהתיאור הראשון נקרא ומתרגם, אולם המעשה השני, המתאר את אהרן כבעל האחריות לחטא העגל ("העגל אשר עשה אהרן"), אינו מתרגם, משום כבודו של אהרן.

**בִּרְכַּת כֹּהֲנִים... נִקְרָאִין וְלֹא מִתַּרְגְּמִין** – בפסוקים אלו התורה מבטיחה משוא פנים (הפליה לטובה) לעם ישראל לפנים משורת הדין ("ישא ה' פניו אליך"), וזה נראה סותר לכאורה פסוק אחר (דברים י, יז): "האל הגדול הגיבור והנורא אשר לא ישא פנים", ולכן אין מתרגמים את ברכת הכוהנים, שלא יטעו בהבנתם.

**מַעֲשֵׂה דָוִד וְאַמְנוֹן** – לעיל התבאר שהכוונה היא לפסוק שבו מוזכר הייחוס של אמנון כבן דוד, ויש בכך פגיעה בכבוד דוד, ולכן הוא נקרא ולא מתרגם.

כך היא גרסת המשנה שבבבלי ובראשונים רבים, ובירושלמי גרסו שברכת כוהנים ומעשה דוד ואמנון **לֹא נִקְרָאִין וְלֹא מִתַּרְגְּמִין**.

**אֵין מַפְטִירִין בַּמֶּרְכָּבָה** – אין קוראים בהפטרה את הפסוקים המתארים את התגלות ה' בדמות מרכבה המונהגת בידי חיות, כדי שהעם לא יבוא לעיין ולשאול בתורת הנסתר ולא ישיבו לעצמם תשובות שאינן מספקות, **וְרַבִּי יְהוּדָה מַתִּיר** להפטיר, ואינו חושש שיבואו לעיין בזה.

**רַבִּי אֱלִיעֶזֶר** מוסיף על כך **וְאוֹמֵר: אֵין מַפְטִירִין בְּ"הוֹדַע אֶת יְרוּשָׁלַיִם"** – פרק המתחיל בקריאה "הודע את ירושלים את תועבותיה" ובו תיאור חטאיה, ויש בזה פגיעה בכבוד ישראל וירושלים. בתוספתא (ג, לד) מסופר על אדם שהפטיר בפרק זה, ורבי אליעזר נכח שם וגער בו: "צא והודיע תועבותיה של אמך", ומכך אנו למדים על הזהירות הרבה שצריך לנהוג בכבודם של ישראל.

קורן ירושלים